鄭 暻 海 講述

國 語 講 義

（綴字法改正原理）

財團
法人 韓國大學通信教育出版部

序

國語는 國民의 精神的 紐帶로서 그 硏究와 運用이, 當을 엇고 엇지 못함은, 國運과 民生의 關係ㅣ 實

로 莫重하다。우리 韓國의 言語文字에 對한 自覺이 比較的 늣고、世宗聖王의 訓民正音이 人類 文字上의

一奇蹟을 나타내엿건마는、그 眞價妙用이 完全이 發揮되지 못한 憾이 업지 못하엿다。

最近世에 이르러, 周君 時經이 草萊를 헤치고、朴君 勝彬이 蹊逕을 다드며서、音理 語法에 자못 發明

함이 잇엇스되、或 功이 一段에 그치고 或 見이 一隅에 局하여, 全體와 大用은 오히려 他日에 기다릴

밧게 업섯다。

新運 以後에、國語의 活機가 曠古의 움지김을 보인것은 當然한 일이로되、學界의 趨向에 乖戾가 만코

무엇보담도 自然한 聲理를 不自然하게하며、易知 易解할 語法을 難知 解難하게함에 싸트리고서서, 얼른 그

런줄조차 스스로 살피지 못하고 잇슴은、識者의 痛嘆을 禁치 못하는바며、그 弊가 敎育上에 잇서서는 國

民思想의 正當한 發展을 阻害하고、國民生活에 잇서서는 그날그날의 新聞한장을 순주 이 讀解하기 어렵게

하기에 이르러서 그 害가 다단 滔天洪水의 比만이 아니엇다。

나도 이 危機와 禍色을 기피 걱정하는 一人으로서、狂瀾을 旣倒에 도리킬 大手를 기다리더니、何幸으

로 鄭君 暻海가 이 근심을 한가지로하고、周•朴兩氏의 未到한 境界를 推進 恢開하여서、國語ㅣ文自ᄋᆞ

五

마 파무칠번하던 빗이 煥然이 다시 발거질것을 알고서、오래 쓰프리고지내던 눈섭을 문득 펴게됨에、긋
업는 깃붐을 늣기고잇다。

진실로 一家를 自立하고 一藝를 卓立함이 容易한 일이 아니오、더욱 一世의 迷妄을 깨쓰리고 萬代
의 光明을 특은 難中의 難事다。그러나 君의 걸은 바로 자럿스며、君의 誠意와 精力은 이 길을 넘피
서 最後의 目標에 이르지 안코는 말지 아눌것이 疑心 업스니、君의 志業 成就와 함께 우리 國語 本
然의 妙用 發揮를 快觀할 날이 決코 멀지 아눌것이다。

君의 斯學上 처음 碩果인 「雙書濁音論」을 世上에 보내는 機會에、이것이 우리 語文學上에 새로 한 時
期가 그어지려하는 큰 事業임을 天下에 외침은 나의 가장 快心事다。

檀紀四二八五年 七月 四日

崔 南 善

이 序文은 拙著「雙書濁音論」의 拔萃本을 謄寫함에 즈음하여 주신 글임니다마는 이冊을 위하여
써 주신것과 다롬 업는 故로 이에 轉載함니다。

— 著 者 —

머리 말

이 冊은 本來 「國語國文의 眞狀을 차저서」라는 題目으로 著者의 생각한 바를 엿거본 것인데 위에 六堂先生의 序文을 실고보니 本書 著述 趣旨에 對하여는 나시 더할 말이 업다。다만 너무 칭찬이 過하여 송구스럽을 禁치 못하고 잇스니 實은 「좀 適當이 고쳐 주십사」고 다시 請하기까지 하엿던것이다。그러나 先生께서는

「길이 바로 자펏다」고 한 것 뿐인즉 그대로 두라。

고 對答하셧다。「길이 바로 자펏다」란 무엇이냐。

「自然한 聲理와 易知 易解할 語法」

을 이름이다。그러타、나는

「알기 쉬운 語法과 알기 쉬운 綴字法」

을 차저서 헤맷다。

國語綴字法의 難點은 用言의 綴字法에 잇다。

「못매지가 매첫다」「안진뱅이를 안친다」

가툰 글의 「매지」「매친」「안지」「안친」가툰 말의 語源은 「매즈」(結)와 「안즈」(坐)에 잇다。「매즈」(안즈)라는 原動詞가、「매지」「매친」(안지)라는 名詞로 變하고、「매친」(안치)라는 他動詞로 變한 것이냐。이것을

매즈　매지　매치　안즈　안지　안치

로 쓰느냐　그러치　안코

로 쓰느냐, 이런 問題가 綴字法 整理의 가장 核心이 되는 것이다.

周時經先生은 後者를 取하였스니 그까닭은「멧」(멧)을 한 單語로 봣기 째문이다. 이 見解를 그대로 繼承한 學者가 金允經氏다.

朴勝彬先生은「멧지」(멧지)는「멧으이」(멧히)의 合成語라하여 周先生과 비슷한 見解를 가젓지만「멧」(앗즈)단은「멧으」(앗으)가아니고「멧즈」(앗즈)라고 하였다. 即「멧지」「앗즈」「한적」「한적」가튼 말은 그대로 한 單語 한 品詞라고 생각한 것이냐. 朴先生은

멧으 멧이 멧히 멧어

앗으 앗이 앗히 앗어

의「으」「어」(안)를 極力 否認하였다.

그런데「한글 마춤法統一案」의 見解는 또 다르당 그 綴字法와 外形은 周先生이나 金允經氏의 그것과 다름이 업지만 單語區分 乃至 品詞分類가 全然 다르당. 即 統一案에서는

멧으 멧이 멧히 멧어

앗으 앗이 앗히 앗어

맷즈 맷치 맷처

의「으」「어」(안)「이」「히」가튼 것은 助詞로 보지 안코 實詞의 一部分(語尾 또는 補助語幹)으로 보고 있다.

이리하여 우리나라 文法界는 秩序업는 無政府가 함부로 支配하고 있다. 交法은 形態의 區開인데 國語 基本形에 對한 見解바든가 實詞와 助詞에 對한 判斷가튼 基本問題 조차 歸一을 보지못하고 왓주니 그 얼마나 싹한 일이냥. 用言·形體에 對한 筆者의 見解는 꽤 크게 다르며 筆者는

안즈　안지　안치　안쳐

가동 말을 모두 單單語 한品詞로 보고 잇다。이것을 二品詞乃至 二要素로 보지 안는다。

「안즈」(안즈)는 原形(原語)이요、

「안지」(안지)는 原形語尾(즈)가 前接音으로 名詞形이오、

「안치」(안지)는 原形語尾(즈)가 前母音屬子音(치)으로 活用된 變動詞形이오、

「안쳐」(안쳐)는 그 低母音形이다。

그런즉 辭典에는 「안즈」「안지」「안치」「안쳐」가름 말이 다 이래와지의 登錄돼아한다。

그럼에 「안즈」라는 動詞를 아래와지의 辭典에는

안………　甲午以前의 外人이 쑤민 辭典)

안………　(現代 모든 辭典)

앗다。

라고 적겨 왓스니 이것이 모두 잘못 본 語形이다。

칠재로 「안다」(안스다、앗다)는 한 單語가 아니다。

牛다　猶다　이다　귀다

가톤 말이 한 單語가 아닌 것과 마찬가지다。「안다」(안스다、앗다)는 두 單語의 總和다。

「안다」(안스다、앗다)는 正常한 翻詞의 形態가 아니다。形容詞에 잇서서

「슬프다」「슬프오」「슬프냐」(悲)가튼 形態가 씨이넛가 翻詞인새도 「슬프다」「슬프오」「슬픔녀다」(哭)

그룬과지 씨이는 줄 알고 잇지만 이는 精密치 못한 翻察이다。

九

悲……슬프다　슬프오　슬픔니다

詠……　　　　울프오　울픔니다

□

□ 에 該當하는 말은 決코「울프다」도 아니오,「읊다」도 아니다.

□ 자리에 드려갈말은 「을

프오」의 해라루너

「울프오」의 해라루 내지「읍는다」乃至「울픔다」다.

울프다(읍다)는 屬性의 固定的 表現이오

울픈다(읍는다)는 屬性의 流動的 表現이다.

「크다」라는 形容詞를「큰다」라고 하면 動詞가 된다.「그다」와「근다」는 크게 다르다. 그런즉「읊다」와

「읊는다」의 뜻모 크게 다른 것이다. 오늘날 辭典에서 取하고 잇는

맷다(結) 앉다(坐) 욹다(詠)

가튼 語形은 모두 動詞의 語形이아니다. 뜻은 動詞가 分明하지만 形態는 形容詞다. 屬性(本質的特性)을 流動

的으로 表現한것이 못되니 動詞라 할수 업다. 그런 故로 이런 形態는 日常 會話에는 씨이지 안는다.

文法에잇서서 形態(語形)는 絕對的이다. 文法學者의 任務는 語形을 발겨·내는데 잇다. 그런데 오늘날의 國語

學界는 語形 分析을 等閒親하고 잇다──語形 分析을 하지 못하고 아니 語形을 人造하고잇다.

가튼 재의「씩」를「쓰어」라고 主張하고 「채」를「차이」라고 主張하는 싸위로 語形의 人造다.「씩」는「씩」

주머니를 쌘라.

큰씨를 써라.

로서 正常한 語形이오「채」(채다)는「채」로서 正常한 語形이지, 이것이「쓰어」나「차이」일 싸닥이 업다.

맺다 앉다 읊다 슬프다

가른 語形을 用言의 基本形으로 取하게 된 까닥은 甲午以前에 된 外人의 辭典이 그러하였기 때문이라고 생각

한다。우리의 辭典을 우리의 손으로 만드렀더라면

맺•ㄹ 안즈•ㄹ 읊•ㄹ 슬프•ㄹ

맺•즈 안즈 읊•즈 슬프

結 결 坐 좌 詠 영 悲 비

와가치 數千年 口傳 口授 해오던

맺•즈 안즈 읊•즈 슬프

가른 語形을 辭典에 시렁섯슬 것이다。「結」「坐」「詠」「悲」가른 漢字를

「맺•다」「결」「앉•다」「좌」「읊•다」「영」「슬프•다」「비」또는

「맺•결」「앉•좌」「읊•영」「슬•비」

로•일거 보라。그 語形이 正常치 아늠을 단번에 쌔내를 것이나。萬若

맺•즈 안즈 슬프

가른 質語만 가지고 不安을 늣긴다면 거기에 「오」를 부쳐서

맺•즈•오 안즈•오 울프•오

와가치 辭典을 編纂하면된다。「맺•다」와 職能이나 意味에 다름이없는 말인데、「오」는 動詞나 形

容詞에 두루 쓰이고 「다」는 形容詞에만 부쳐 쓰고 動詞에는 부쳐 恒用하지 안는 特殊한 「로」로서

現行文法 即 周氏文法(外人의 辭典을 基礎로함)은 用言의 原形을 바로 보지 못하였다。그릇된 語形에서 出

發한 文法이다。外國人이 잘못 본 語形위에 國文法의 殿堂을 지은 것이 周氏 文法이다。

外國人이 엇지 國語의 機微를 알 수 잇섯을 것이랴。

珥國文法은 根本부터 再檢討 돼야 한다。그런데 學者들은 國語文의 整理事業이 時急하다는 焦眉感에서 基礎

工事를 充分이 하지안코 집을 짓기에 밧벗다。아직 기둥도 쓰지 안코 와도 역자아녔는데 방을 꾸미고 세칸

을 느릐 노왓다。要컨대 現代 國文法은 砂上樓閣이냐。허러버리고 닥시 지어야 한다。그러치안코 그樓閣 안에

드러 갓다가는 죄 죽고 말 것이냐。

이 冊은 國文法의 土台를 살펴본 것이다。語形을 人造치 안코、잇는 말을 잇는말대로 處理한 다음 거기에

適當한 名目을 부처서 體系를 세운 것이니 現行文法과는 그 路線이 正反對다。이것을 六堂先生은

「길이 바로 자펴다」고 評하셨다。

筆者의 생각이나 六堂先生의 批判이 果然 正當한 것인지 그러치 안코 周時經先生傘下의 學說이 正當한 것

인지를 判斷하는 것이 이 冊을 읽는 사람들의 할 일이냐。

今般 韓國大學에서 率先하여 筆者의 創見을 講座에 擇한 것은 筆者로서는 榮光에 넘치는 바며 그 責任이 重大

함을 늣기는 바다。쇼 나의 講義 內容을 그대로 印刷하여 通信敎育用 圖書로 探擇하게 됨비 對하여 더욱 놀

담을 늣긴다。이세까지의 國語 講義錄을 模倣치 아는 大膽한 試行이기 쌔문이다。허나 도리켜 생각건대 오늘의

國語學은 軍患에 쌔져 있는 것이오。高等學校싸지 病드른 國語學을 배워온 大學生들에게 于先 해야 할 일은

그 病을 고치는 일이오。病을그대로 두고 肥肉을 머근들 무엇하리오。그런 意味에서 現 段階에 잇서서는 病을

手術하고 治療하는 이 冊이 適切한 敎材라고도 여겨 지는 것이냐。新生 大韓民國의 大學生의 使命은 韓國

國語의 基礎를 再檢討하는 創意的인 이 冊에 對하여 學生 諸位는 眞摯한 檢討를 加할 것이며 諸位 自身

的인 新文化를 創造하는데 잇다。

一二

의 손으로 國語學의 터전을 바르고 넓고 굿게 만들기 바라 마지 안는다.

本書의 要點을 저거서 머리말에 代한다.

檀紀四二八六年 十月 九日

著

－印刷 時日 事情으로 석어 쓰기를 잘 校正치 못하니 諒察하소서……

著

三

訓民正音 序文

國之語音 異乎中國 與文字 不相流通 故愚民 有所欲言 而終不得伸其情者 多矣 予爲

此憫然 新制二十八字 欲使人人易習 便於日用耳

──이런 백성들을 민망이 여겨、새로 二十八자를 만드노니 사람마다

쉽게 이켜서 날로 씀에 편리하게 하고저 할 짜름이니라──

목 차

一五

중편 국문법 개요

一七

하편 활용에 관한 고찰

訓民正音原本終聲解抜萃

「然ㄱㅇㄴㅂㅁㅅㄹ八字可足用也、如빗곶爲梨花 영의갗·爲狐皮而ㅅ字可以通用故只用ㅅ字」

──初作終聲理固然 只將八字用不窮──

국 어 강 의

정 경 해 강술

상편 국어와 국문의 특질

제일장 국어의 특질

一、말

사람의 생각을 음성으로 나타낸 것을 말이라고 합니다。말에는 뜻이 잇서야 하니 뜻은 말의 내용이오 소리는 말의 형식임니다。

원시시대 사람들은 짐승처럼 짓고 새처럼 우러서 생각을 나타내고 잇슴니다。어린애는 조절(調節)된 음성을 내지 못함니다。개체의 발달사(個體發達史)가 계통의 발달사(系統發達史)를 되푸리하는 것이라면 원시인(原始人)도 조절된 음성을 발음하지 못하엿슬 것임니다。

말의 시초는 몸짓이엿다고 함니다。손짓 발짓 고개짓 얼굴의 표정가튼 몸짓에 외마디 소리를 섯거서 생각을 나타내다가 성대가 발달되고 조음법(調音法)이 발달된 뒤부터 음성만으로의 말을 하게 됏다고 생각됩니다。또 미개인종 가운데는 아직도 몸짓말을 쓰기째문에 캄캄한 곳에서는 말은 하지 못하는 부족(部族)이 잇다 함니다。

현대 언어 생활에도 유효하게 사용됩니다。

말에 시초가 몸짓에 잇섯다면 몸짓말의 통측(通則)은 비슷한 짓으로 비슷한 뜻(類樣類意)을 나타내고 반대

의 짓으로 반대의 뜻(對樣對意)을 나타내는바 잇섯을 것입니다。이 몸짓말의 통칙은 필자가 장차 말하고자 하

는 국문법(國文法)의 대음대어•류음류어(對音對語•類音類語)원칙에 통하는 것입니다。

二、국 어

말은 시대를싸러 변하고 곳을싸러 갓고 다름이 잇습니다。어느 한 나라의 공용(公用)되는 말을 그 나라의 국

어라고 합니다。제목에 쓴 국어라는 말은「대한」나라의 국어만을 가리키는 조븐 의미의 , 국어입니다。

우리 국어는 우리 민족이 그 원시시대부터 만들고 넓혀서 전해온 민족 공동의 산물임니다。우리는 국어 속에서

생겨나서 국어 속에 살다가 국어 속에서 주금니다。국어로 일하며 국어로 놀며 국어로 먹고 국어로 이브며 혼

자 생각할새도 국어로 생각하며 쑴도 국어로 쑤며 외국어는 국어를 통하여 헤아림니다。민족이 갓다는 것은 국

어가 갓다는 것과 마찬가지니 피(血)의 가름보다도 국어의 가름이 민족구성의 더 큰 요소가 됨니다。국어 엽

시는 살수가 엽스며 국어 엽시는 정치도 못하며 전쟁도 국어의 힘을 빌지 안코는 이기지 못합니다。

국어에 자랑스런 점이 잇다면 그것은 곳 민족의 자랑이오 국어에 결점이 잇다면 그것이 민족성의 결점일것

이니 우수한 국어는 우수한 민족만이 가질수잇는 것입니다。싸러서 국어를 발전 향상시키는 것은 곳 민족을

발전향상시키는 것이 됨니다。특히 정신 문화에 잇서서 더 그럿습니다。약을 쓰려면 진단을 잘 해야함니다。진단이

잘못됏을새는 조은 약도 효과를 나타내지 못할 것이며 도리어 해로울 것입니다。국어를 발전 향상시키려면 그 사용

법칙을 차저내야함니다。즉 문법을 연구해야 합니다。그런데 문법연구는 쉬운것이아니니 우리나라의 국문법연구는

이제 막 시작되고 잇슬 뿐이라 아직도 모색시대(模索時代)에 잇는 것입니다。「한글마춤법통일안」은 국어 문법이

발켜지지 아는 , 시절에 제정된 것입니다。필자가 연구한 바에 의하면 신철자법은 국어 문법에 잘맞지안는 철자법

국어는 독특하고도 우수한 문법을 가지고 잇습니다.

우리 력사 가운데서 민족의 정기가 가장 찬란한시대는 신라 이전이엇스니 그쌔 우리는 한문(漢文)의 영향

을 밧지아는 순수한 국어(雅語)를 사용하고 잇섯습니다. 우리력사가 기우러지기 시작한것은 한문수입 이후의 일

이니 한문을 마저드림과 동시에 우리의 고유 정신은 좀먹기 시작하엿던 것입니다.

우리민족의 고유한 혼백과 정기는 순수한 국어 속에만 스며 잇는 것입니다. 고구려 신라의 자랑을 회복하려면

한문 즉 중국어의 해(害)를 밧지아는 국어와 국문법을 숭상해야 함니다.

나는 쑤밈업는 적라라(赤裸裸)한 국어를 사랑함니다. 그리고 쑤밈 업는 적라라한 표음철법(表音綴法)을 사랑함

니다. 국어를 중국어처럼 만들려한다든가 국문을 영문(英文)식으로 쓰려는 마음은 조금도 업습니다. 왜냐하면 우

리 국어는 세계에 웃음가는 우수한 말이고 쏘 국문(訓民正音)도 세계 제일 가는 우수한 문자라고 밋기쌔문입니다.

三. 국어의 소속

세계 언어의 종류는 二七九六종이나 잇다고 말한 학자가 잇슴니다. 그러나 이 여러가지 말도 그 문법의

특질이라든가 친밀 관계를 싸러서 몃가지로 분류 할 수 잇슴니다.

국문법을 론하려면 언어 분류에 관한 기초지식이 필요함니다. 이제 그 대강을 설명하여 국문법을 세우는데

참고로 삼겟슴니다.

一, 형태적 분류라는 것은 문법의 특질을 싸러서 세계말을 크게 분류하는 방법인데 다음과 갓슴니다.

형태적 북류(形態的分類)

1、굴절어 (屈折語・曲折語・曲尾語)

단어의 어형이 변화하여 문법을 이루는 것이 특징입니다。

구라파말의 대부분이 이에 속합니다。인도 말도 이에 속합니다。

2、고립어 (孤立語)

일음일어 (一音一語・單音節語)가 고립어의 특색입니다。그리고

단어의 어형이 절대로 변하지 안코 위치를 밧궈서 문법을 나타냅니다。

중국말은 고립어의 대표입니다。

3、부착어 (附着語・添加語・膠着語・粘着語)

실어 (實語)에 조어 (助語)가 부터서 문법은 이루는 말입니다。우리 국어는 이에 속하는 우랄·알타이어족임니다。

4、포합어 (抱合語)

동사속에 객어 (客語)의 요소까지가 포함되는 말이니 멕시코말짜위가 이에 속합니다。

5、취합어 (聚合語・輯合語)

단어와 단어와의 한계가 분명치 아는 말겨레임니다。한 단어가 다른 단어의 요소를 포합 (抱合)하는 정도가

심하여 얘기 한마디가 한 단어 갓다합니다。아메리카 인디안말이 이에 속합니다。

二、계통적 분류 (系統的 分類)

계통적 분류라는 것은 말겨레의 친족 관계에 의하여 분류한 것이니

인도·겔만어족、지나어족、우랄·알타이어족、함셈어족、아푸리카어군、등등으로 나눕니다。국어의 계통을 차저

보면 대강 다음과 갓슴니다。

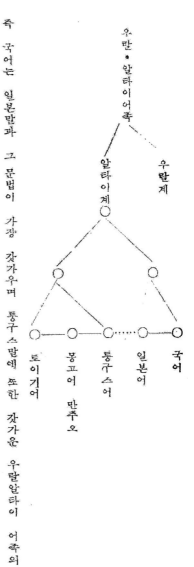

즉 국어는 일본말과 그 문법이 가장 갓가우며 퉁구스말에 또한 갓가운 우랄알타이 어죽의 알타이계에 속하는 부착어입니다.

四 우랄·알타이 어족의 특질

一、부착어다。(附着語)

二、다음절어다。(多音節語)

三、동사의 어미활용이 잇다。(動詞活用)

四、말머리에 탁음이 아니씨인다。(語頭濁音)

五、말머리에 자음이 겹처 씨이지 안는다。(重子音)

六、말머리에 ㄹ소리가 씨이지 안는다。(語頭ㄹ音)

七、모음조화가 잇다。(母音調和)

八、문법상의 남녀(性)의 구별이 업다。

九、주어(主語)가 술어(述語)에 압서고 수식어가 피수식어위에 씨인다。

一〇、폐음절어(閉音節語)가 아니다。

一一、관사(冠詞)가 업다。

註 本節參考書籍 安藤正次著「日本文化史」西村眞次著「日本文化史槪論」

五 부차어의 특질

부차어는 본체되는 단어에 여러가지 종속되는 단어가 부차하여 말의 뜻과 문법관계가 정해짐니다。종속되는 단어에는 조사·조동사·접두사·접미사·삽입사(助詞·助動詞·接頭·接尾·挿入辭)등이 잇슴니다。이러한 부차성분은 대개 짤막하고 쏘 이 성분은 여러겹으로 덧붓기도하고 웃말에 밀접하게 노가 붓기도 함니다。그러나 부착성분과 본체되는 말과는 분리 구별할 수 잇는것이 특징임니다。

六 부착과 활용(附着과 活用)

밥을 머그오……1

밥을 머거라……2

밥을 머기오……3

밥을 머겨라……4

위와 가른 경우에 머그라는 말이 머거로 변하고 쏘 머기로 변하며 머기가 쏘 머거로 변하는 이러한 어형변화를 어미활용 Conjugation 이라고 함니다。그런데 요새 문법책을 보면 위의 말을

먹으오、먹어라、먹이오、먹여라(쓰는 먹이어라)

라고 쓰며 「먹」을 어간(語幹) 이라하고 그 아래의 부분을 어미(語尾)쓰는 보조어간(補助語幹)이라하며 「먹」에

으오、어라、이오、어여라 가른것이 붙는것을 어미활용이라고 말합니다。그러나 이것은 「어간」「어미」「어미활

용」이라는 술어를 적절하게 사용한것이 되지 못하며 또 우리 국어의 문법을 제대로 본 것이 되지 못합니

다。어간stem 이라는 술어와 어미 ending 라는 술어의 뜻은 다음과 갓습니다。

```
          語尾        — ending
語根 머    語尾        ㄱ ending
語幹 거    語尾        ㅣ ending
     기    語尾        ㅕ ending
     겨
그

          root  ㅁ  ㄱ
          stem   ㄱ  ㅣ  ㅕ
```

즉 한 단어중 변화하지안는 부분을 어간이라하고 변하는 부분을 어미라 하며、어간중에서 단어성립의 근본이 되는

부분을 어근 Root 이라고 하는 것입니다。「머그・머거・머기・머겨」를 「먹으・먹어・먹이・먹여」로 쓰고 「먹」

을 어간、「으・어・이・여」를 어미라고 한다면 잘못이 엽슴니다。그런데 이중에서 「이」를 보조어간(補助語幹)이라

하고 「여」를 「이어」의 합음된것이라고 하는 짜위는 잘못임니다。이에대하여는 항편에서 자세 말하겟슴니다。

머그오・머거라

의 오와 라는「머그・머거」의 어미가 아넘니다。오・와 라는「머그・머거」에 부착된 조어(助語)임니다。그런즉 「머

그 오」는 「머그」라는 실어(實語・實辭・觀念語)에 「오」라는 조어가 부터서 된 두 단어의 이은말(連語)이고 「머

거라」는 「머거」와 「라」의 이은 말입니다。「머그오」를 한단어라고 생각하는 것은 국어를 포합어나 취합어로

분 것이니 괴상한 관찰임니다。이 괴상한 관찰을 전개한 결과 리희승(李熙昇)씨는 드디어 다음과 가튼 무리한

해설을 하지 아니치 못하게 됫슴니다。(문교부 검정 「초급국어문법」 二十六면 體言의 活用)

「체언은 활용하지 안는 것이 원칙이지만 서술어로 씨일 경우에는 체언도 역시 활용한다。

말이나 말이다 말인가 말일세 말임닛가 말임니다。

이 경우에 체언 말은 어잔 이 되고 이냐 이다 인가 일세 임닛가 임니다 와 가튼 것은 그 어간에

붓는 어미들이다。」

여러분 엇더케 생각 하심닛가。말(馬)이 한 단어묘 그 아래의 것은 조어가 아니겠슴닛가。조어묘 한 단어

로 보는 것이 문법학의 상식임니다。

七 국어의 굴절

국어는 부착어지만 굴절(屈折)되는 경우보 참 만슴니다。일본 말 보다도 더 여러가지로 굴절 됩니다。굴절

이란 어근이 유기적으로 변음되는 것을 일컷는 것이니 꼭미(曲尾)라고도 하고 곡절(曲折)이라고도 함니다。체

언의 굴절을 「어형변화」 Declension 라하고 용언(用言)의 굴절을 「어미 활용」이라고 함니다。

중국어의 「五」라는 말은 그 어형이 절내로 변하지 안슴니다。즉 중국어는 고립어 임니다。중국어를 국어

화한 「오」라는 말도 어형이 변치 안슴니다。그런데 국어의 「다섯」이라는 말은 다음과 가치 여러가지로 어

형이 변함니다。

녀섯 다섭(말) 나습、 닷론、 닷곱、 대여섯、 대듯번、 댓량(련냥)、 나탈 너더댓(너더뎀)

하나 둘 셋 넷가튼 수사(數詞)도 다 그러합니다。「나」(我)라는 대명사가 「내」로 변하고 「너」 「저」가 「네」

「제」로 변하는 따위도 어형의 굴절 임니다。다음에 어형이 굴절되는 현저한 례를 하나 들겟습니다。

나울나울 나웃나웃 나불나불 나붓나붓
나훌나훌 나훗나훗 나훈나훈 나붓나붓
나울나울 나옷나옷 나운나운 나풋나풋
나올나올 나옷나옷 나온나온 나푼나푼
나훌나훌 나훗나훗 나훈나훈 나푼나푼
나울나울 나옷나옷 나운나운 나푼나푼
나풀나풀 나풋나풋 나푼나푼 나혼나혼
너울너울 너웃너웃 너운너운 너폰너폰
너울너울 너웃너웃 너훈너훈 너훈너훈
나불나불 나붓나붓 나분나분 나푼나푼
나불나불 나붓나붓 나분나분 너분너분
너불너불 너붓너붓 너푼너푼 너픈너픈
너불너불 너붓너붓 너픈너픈 너픈너픈
나발나발 나팔나팔 너빌너빌
너발나발 나팔나팔 너필너필

위에저근 말은 모두 비슷비슷한 말이니 어느 한 말이 다른 비슷한 말로 변형된 것임니다。
「아아ー」와「어어!」「잔당:전덩」「오·묵:우묵」「애해:에헤」「찰삭:철석」가튼 말도 유기적인 변형에 의지하여 된 말 들임니다。그러면 이러케 각종 다양한 국어의 굴절이 엇더한 원칙 아래 이뤄지는가? 그 근본원칙을 한말로 뭇거 표현한 것이 대음대어(對音對語)라는 것임니다。

八 바침의 발생

우랄·알타이 어족은 본대(本來) 바침이 업섯냐고 함니다。그런즉 국어도 그 초기에 잇서서는 바침이 업섯슬 것임니다。국어와 공동모어(共同母語)를 가지고 잇섯냐고 인정되는 일본말에는 아직도 바침이 업습니다。거울(鏡)

二九

의 옛말이 거우루 길마(鞍)의 고어가 가르마 가튼것을 보아도 그러코、「시므고」라는말이 「심고」로 변해가고

잇스며 「가지고」라는 말이 「갓고」로 변해 가고 잇는 싸위도 바침이 이차적(二次的)인 것이라는 증거입니다。

영어의 ink는 한음절인데 이것을 국어로는 「잉기」「잉크」쓰는 「인기」「인쇠」등으로 맛게 발음치 못함니

다。이것은 일본말에 잇서서 錢(전)을 ゼ二、蘭(란)을 ラ二、羊(양)을 ヤギ라고 말하고 「사람」을 サラミ、「물」을 ㅁ

リ「밥」을 バビ라고 말하는것과 마찬가지원인에 의한것입니다。무늬(紋)라는 국어는 「문」(紋)에서 온말일것입니다。

李太白의 잇소리「白」을 일인은 하쿠(ハク)라고 하여 바침을 피하는데、국어에 잇서서도 「리태배기」타고 해서

白을 「배기」라고 함니다。

소냐 소다 개냐 개다。

가튼 말법이 바침잇는 말아래서는 말이냐 말이다 닥이냐 닥이다

와가치 「이냐」「이다」를 취하는데 이것도 국어가 바침을 시려하는데서서 생긴 어법입니다。이쌔의 「이」를 자봄씨(指定詞)라고하여 독립된 실어라고 푸는 학자(朴勝彬・崔鉉培)가잇는데 잘못된 해석일 것입니다。「말이다」「닥이

다「의」「말」의 바침을 푸러버리기 위한 접미(接尾)——그런즉 「마리」「다기」라는 명사(名詞)로 변

형시키는 것이됨——라고 생각하거나、「말」과「닥」에 붓고자 하는 「냐」나 「다」와의 자음충돌(子音衝突)을 믹고자

하는 반모음(半母音)의삽입ㅣ그런즉 이는 삽입사(挿入辭)ㅣ이라고 보는 것이 무리 업는 관찰일 것입니다。

가튼 말을 「소인가?」 소일세 쥐인가? 쥐일세 쥐임니다」로 말하기도하며

소이엇다(소엿다) 소ㄴ가?소리세 쉬니가?쉬리세 쉬머니다。

쥐이엇다(쥐엿다) 가튼 쌔도 「이」가 삽입 되는데 이러한 이가 모두 아래 웃말의 련접을 자

연스럽게하는 한편 실어와 조어의 한계를 분명이하고자하는데서 생긴 반모음의삽입일것임니다。

이상은 주로 체언의 대한 폐임니다마는 용언의 바침도 그것이 나중생긴것임을 짐작할 수 잇슴니다。일어

용언에는 ツ와ン의 두 바침이 자주 나타나는데

行ツテ 打ツテ 匐ツテ 取ツテ 飲ンデ 飛ンデ 死ンデ

의 고형(古形)은

行キテ 打チテ 匐ヒテ 取リテ 飲ミテ 飛ビテ 死ニテ

이엇슴니다。즉 다음과가튼 발달을 본것임니다。

イキ→イッ ウチ→ウッ ハヒ→ハッ トリ→トッ ノミ→ノン トビ→トン シニ→シン

이기→일 우디→울 하히→함 도리→돌 노미→논 도삐→돈 시니→신

즉 일어용언의ツ바침은「기」「디」「히」「러」가튼 음의 변한 것이고 ン바침은「미」「삐」「니」가튼 음의 변한

것임니다。(註…「삐」는 탁음이니 [セ] 모발음치말것)

오늘날 우리 국어에는 ㄱㄴㄹㅁㅂㅅㅇ의 일곱가지 바침이 잇슴니다。세종대왕째는 ㄷ바침과 ㅅ바침을 구별하

여 저것는데 열마안돼서 ㄷ바침은 ㅅ바침에 포섭되고 마럿슴니다。그런데 현행철자법에서는 바침글자를 다음

ㄱㄴㄷㄹㅁㅂㅅㅇㅈㅊㅋㅌㅍㅎ
ㄲㄳㄵㄶㄺㄻㄼㄽㄾㄿㅀㅁㅆ

二十八자를 쓰고 잇슴니다。글자를 二十八종 쓴다고 해서 바침소리가 二十八이 잇는 것은 아님니다。바침소

리는 七종밧게 업슴니다。七종밧게 업는 바침소리를 二十八종으로 구별하여 적는 데서 현행철자법은 어려워지

는 것임니다。가른 쇼리를 가른 자형으로 나타내는 것이 쇼리 글자의 리상임니다。그래서 우리조상들은 바침

三一

을 일곱자만 써 왓던 것이니 이는 매우 발달된 용자법이엿슴니다。나도 이법을 찬성함니다。일곱 소리를 二

十八종으로 쓰는 것은 우둔한 용자법임니다。국어의 일곱바침소리는 다음과 가치 조직돼 잇는 것임니다。

ㄱ……엄 소리(牙音)
ㅅㄴ……혀 소리(舌音)
ㅁㅂ……입술 소리(脣音)

ㄱㅅㅂ……짜른 바침(急終聲)
ㅇㅁ……느린 바침(緩終聲)
ㄹ……가벼운 바침(輕終聲)

국어의 바침조직은 매우 가즈런하여 국민성의 조직적임을 나라내고 잇슴니다。이 우물정(井)자 모양으로 조

직된 국어의 바침 조직 중 특히 주의할 점은 류씨(柳氏)께서가 ㄱㄷ二十二八。五個表 卅八個표 天成之妙然 ㄴ

고 돌라 마지 아는 ㄱ와 ㅇ ㅅ와 ㄴ ㅂ와 ㅁ 의 대음조직(對音組織)임니다。

ㅉ메→성대 갓모→잔모 집만→십만

가튼 차음 접변이라든가

구먹과구멍、구녁과 구녕 손바닥과 손바당 발바닥과 발바당 쌈바닥과 쌈바당。

나웃나웃과 나운나운 홋홋과 혼자 낫다와 난쟁이

가튼 변화는 국어에만잇는 음운 법칙임니다。이와가튼 변화는 국어 바침의 특수성에 의하여 생김니다。국어의

바침은 영어의 말자음(末子音)과는 그 발음법이 매우 다름니다。국어의 바침은 파렬(破裂)을 하지안슴니다。ㄱ

ㅅㅂ 세바침은 성문 까지 다다 버리는 것이 원칙임니다。

ㄱㅅㅂ 바침이 코소리를 맛나면 ㅇㄴㅁ바침소리로 변함니다。그것은 ㄱ의 코소리가 ㅇ이오、ㅅ(ㄷ)의 코소리

가ㄴ이오、ㅂ의코소리가 ㅁ이기 새문입니다。ㄱㅅㅂ의 파렬을 이리키지 안코 그것을 코로 발음하면 ㅇㄴㅁ이

되는 법인데 이러한 발성생리학적 원인에 의하여 ㄱㅅㅂ은 ㅇㄴㅁ의 짝 소리가 되는 것입니다.

- 싹 쌔린다   탁 친다   ┌ 잡 하다   • 혼자 ∨ 홀로   ┌ 갓다 ∨ 갈가
- 쌍 쌔린다   탕 친다   └ 감 하다   • 홋홋   └ 간다
  ┌ 감 하다
  └ 함니다

가른 말은 바침의 대음성을 리용한 대음대어의 부림입니다。

(현행문법에서는 함니다。함닛가 의 ㅁ을 함니다 함닛가 와가치 ㅂ으로써야 하나고 하지만 잘못입니다。「함니다」는 옛말 「항이다」의 변한 말로서「합시다」「합디다」의 ㅂ과 대어관계를 가지고 잇는 말입니다。ㅁ니다는 현재요 ㅂ시다는 과거요 ㅂ시다는 자기의 동작을 나타내는 말이오、ㅁ니다 동작을 ㅂ시다는 제二자에게 동작을 시키는—ㅁ과 ㅂ은 시간의 대 와 자타의 대른 분간하눈 중요한 구실 은 함니다。「○○함」은 「○○함니다」에서 「니다」를 략한것이고 「○○하시옵」은 「○○하시옵소서」에서 「소서」를 략한것일 것입니다、「함」은 「한다」에 인연이 먼 말입니다。)

른 나타내는 것입니다。古語「숩」와 「ㅁ니다」와는 ㄴ과 ㅁ은 그 울림이 가튼 데서 다 가치 현재

하여간 국어바침 소리는 일곱밧게 업스니 용언의 일곱가지 바침의 유래는 대강 다음과 갓슴니다。먼저 말한 일본말 용언의 바침 발생과 비교하여 리해하시기 바람니다。( )안의 바침은 현행철자법에서 쓰는 바침임)

「바침의 발생(ㄱ、ㄲ、ㄳ、ㄺ)

머그→먹   얼그→억   맛그→닥

人바침의 발생(ㅅ、ㅈ、ㅊ、ㄷ、ㅌ、ㅆ、ㅎ、ㄹ、△)

버스→벗   지즈→짓   쪼츠→쫏   나드→닷   부트→붓   이스→이쓰→잇   너흐→넛(人)   드르→듯   아스→잇

三一

ㅂ바침의 발생(ㅂ、ㄹㅂ、ㅍ、ㅄ、ㅄ)

이ㅂ→입 발ㅂ→밥 읖ㅍ→읖 너ㅂ→넙

ㅇ바침의 발생(牙音이나 喉音의 有聲音에서)

다혀→당기 키혀→킹기

ㄴ바침의 발생(ㄴ、ㄵ、등)

아느→안 안즈→안 만호→마느→만

ㅁ바침의 발생(ㅁ、ㅁ、ㄻ)

시므심 절므→점 담그→담

ㄹ바침의 발생(ㄹ、ㄼ、ㄿ、ㄾ、ㄽ)

기르→길 널브→널 애달프→애달 할트→할 울호→오르→올

현행 철자법의

담다 짓다 좋다 붇나 짚다 좋다 묶다 았다 많다 읽다 젊다 밟다 핥다 읊다 옳다 없다 있다

다드 지즈 조츠 부트 기프 조호 뭇그 안즈 만호 얼그 절므 발브 할트 올호 업스 잇스

가른 것은 용언의 어원(語源)을 발켜 저근 것임니다。그러나

가른 말을

담으、짓으、좋으、붙으、깊으、좋으、묶으、앉으、많으、읽으、젊으、밥으、핥으、읖으、옳으、없으、있으

로 적는 것은 학문적문법(學問的文法 "Theoretical Grammar")으로 봐서 잘못임니다。즉

나드•지즈•조츠……나더•지저•조차(閉、眹、從)

와 가치 쓰다가 「닳고·젖고·좋고」와 가치 쓰는 것은 학문적 문법상으로 잘못이 업지만—다시 말하면

「다드」라는 말이 「달」으로 주는 째가 잇나그 보는 것은 올치만— 즉 「다드」가 근본이고 「달」이 그

쪽음된 것이라고 본다면 러치에 맛지만 그러케 생각지 안코 「달」이라는 단음절이오 폐음절인 말이 근본이고

「다드」라는 말이 「달」의 변형된 것이라고 생각한다면 잘못입니다。 즉 국어 용언의 바침은 나중생긴 것입니다。

「다드」라는 말어 「닽」으로 락음되고 「지즈」가 「짓」、「부트」가 「붓」 「너흐」가 「넛」、「거르」가 「것」 「이

으」가 「잇」 「잇스」가 「잇」으로 즉음된 것인즉 이째의 바침을

「달 짓 붇 넋 걷 잇」 으로 쓸수도 잇고

「닽 짗 붗 넜 걿 잇슷」 으로 쓸수도 잇는 것입니다。

압의 것은 어원적 철자법이오 뒤의 것은 표음적 철자법입니다。 어원적 철자법을 취하느냐 표음적

취하느냐를 결정하는 것은 자유일 것이나 아째의 기준을 실용(實用)상의 편익(便益)에 둔다면 표음적 철자법을

취해야 하는 것임니다。 이것이 곳 실용적 문법(實用的文法 Practical Grammar)의 목적에 더 잘 맛는 쪼처임니

다。 그런비 현대학자들은 학문적문법과 실용적 문법과의 한계를 가리지안코 더노코 문법이라고 말하여 일반 사

람을 현란케 하는 경우가 맛슴니다。

현행문법은 대체로 실용적문법 견지(見地)에서 론위되고 잇는 것입니다。 학문적인 연구는 잘 페잇지 안슴니

다。

한쎄 박승빈씨가 용언의 원형(原形)을 연구하여 현행 학설을 반대한 일아 잇는데 박씨의 연구는 확실이 학

문적연구에 잇서서 한거름 압섯던 것임니다。 그런비 씨도 문법의 학술적 부면과 실용적 부면을 갈러서 말하지 못

하엿고 쪼 동사의 대변성법을 학술적으로 해결치 못하여 한글학설과 다른 바가 업섯기 째문에 듯는 사람이

답답함을 면치 못하엿던 것입니다。 즉 박씨는다드(開) 머그이(食) 노프(高)가튼 말모양(語形)이 원형이고 「닫」 「먹」

「높」 가튼 것이 략형(略形)이라고 하엿스나 오른 말입니다。 그런데 「다친다」 「머긴다」 「노핀다」 같은 말을 「다드

히」 「머그이」 「노프히」로 관찰하엿으니 이는 잘못이엇습니。 「이」와 「히」라는 조용사(助用詞)가 잇나고 생각한것

은 잘못이엇습니다。 이는 일본말의 「食ハセル 食ハシル」의 セル シル 용법에 이끌려서 정당한 관찰을 하지

못한것이엇스니 박씨이외의 모든 학자가 다 그럿습니다。 이에 대하여는 한편에서 자세 설명하겟습니다。

옥편이나 천자문이나 훈몽자회가튼 것은 일종의 사전임니다。 이 옛날 사전의 용언의 말모양을

안즈르좌(坐) 업스르무(無) 노프르고(高) 차르한(寒) 더우르서(暑)

로 저근 것은 국어의 원형을 정상(正常)하게 관찰한 것입니다。 그런데 근대 사전에는 이런 말이

앉다 없다 높다 차다 덥다

로 실려잇으니 이것이 잘못입니다。 이는 외국사람들이 우리말의 성질을 잘 리해하지못하고 자기네 말 성질

에 비춰서 적당이 처리한것인데 우리나라 학자들이 그대로 모방한것이니 이런데서 부터 국문법의 학술적 연

구가 빗나가기 시작하엿습니다。

九 대음 대어의 특질

국어처럼 음감에 예민한 말은 또 업는듯합니다。 이미말한 「나울나울」이라는 말의 五十여가지 변형도 자음과

모음에서 감취되는 음감상징(音感象徵)에 의거된 것이엇습니다。 즉

너울너울 과 나울나울

은 자음에는 차이가 업고 모음에만 차이가잇는 것으로서 이는 강모음(强母音)과 약모음(弱母音)의 대음감정(對

音感(情)을 리용한 조어법(操語法)임니다.

{ 강모음 ── ㅏ ㅐ
  약모음 ── ㅓ ㅜ ㅔ }

「애해」다로고「에헤」다른 것이 국어의 특질임니다.

(알랑   오비작   쏭쏭   해해   고소   할닥
  얼렁   우비적   쏭쏭   헤헤   구수   헐덕)

이러한 폐는 얼마든지 들수 잇슴니다. 다음으로

나불나불 나풀나풀
나불 나붓 나분

가른 변화가 다 자음의강약을 리용한 것임니다. 다음으로

은 자음 ㅂ ㅍ의 대감(對感)을 리용한 조어임니다. ㅍ가 ㅂ보다 강하고 거셈니다.

반들↔판들↔싼들   덜걱↔떨썩↔털컥   탈탈↔탈탈↔쌀딸
술술↔줄줄↔쭐줄↔쏠쏠↔쏠쏠

가른 변화는 바침의 대감을 리용한 말임니다. ㅅㄹㄴ은 설삼종성(舌三終聲)으로서 그 받음되는자리가 갓슴니다.「갓다」「간다」의 ㅅㄴ과거 ㄴ은 현재 ㄹ은 미래룬나타내니 이것도 혀의 바침을 교묘하게 리용한 대음대 어법임니다. 이러한 설삼종성 변화는「홀로 혼자 홋홋」「갓모 간모 갈모」「낫다 난쟁이 날린다」가른 말에도 나타남니다.「사흔날」「나흔날」의「혼」을「흘」의 변한 것이닛가 흘(사흘날 나흘날)으로 써야 한다거나「거

로니 거러서의 「거르」가 변하여 「것고 것다기」로 될째의 바침을 ㄷ으로 써야 한다는 싸위 리론은 「나붓나붓」

이라는 말을 「나붓나붓」으로 써야하고 「갓다 간다」의 「갓다」를 「간다」로 써야한다는 싸위의 맹랑한 주장입니다.

특히 거르(步)라는 말이 「것」으로 촉음된 것을 무시하고 「걷」이라는 말이 「걸으」로 변하엿다고 하는 싸위는

심한 곡설(曲說)임니다. 바침의 변화는

ㄱ	ㅅ	ㅂ
ㄹ	ㄴ	
ㅇ	ㅁ	

井자조직에 「짜러」서 되는 것임니다. 쌕지라는 말과 「쌍지」라는 말은 ㄱ바침과 ㅇ바침의 대를 리용

한 재미잇는 말임니다. 「쌕지」나 「쌍지」는 다 쏫에잇는 것이어서 그 처음소리가 가튼것이며

쌕지는 쌕대기에 잇는 것이어서 ㄱ바침을 쓰고 쌍지는 쌍무늬에 잇는 것이어서 ㅇ바침을 쓴

것임니다. 쌱과 쌍 탁과 탕 록과 룽 쌕쌕이와 쌩쌩이가튼 말은 ㄱ ㅇ바침 대감을리용한 말

이고 「쌈쌈하면 감감하다」 「삼삼하다 쌉쌀하다」의 ㅁ ㅂ바침도 관련성을 가진것임니다. 다음에 좀더 종합적인

례를 들겟슴니다.
다. 첫소리 말에는 두가지 큰 계통이 잇소니 하나는 써러저 잇던것이 닷는 뜻의 계통이오 또하나는 불이 벌

거게 닷는다는 말의 계통입니다. 닷(接)는것과 닷(焦)는것의 말소리가 갓다는 것도, 재미나는 일이니 음양이 다으면

더워지며 음전 양전이 세게 닷는것이 천동 번개니 노픈 열을 방사할니다. 그리운사람이 기다릴째 마음이 달쓰는

떡마음이 다를째는 몸도 확실이 닷슴니다. 다리는 강언덕을 다려놋는 것이며 공중에 달려잇는 것입니다. 다리

(脚)도 길을다리는 일을하는 것이며 달려가면, 목적지에 쌀리 닷고 ㄴ녀 간다는 것은 맛나 보고 가는 것입니다. 다

리미는 구김살을 너리는 물건인데 자버 다려서 구김살을 업새는 것과 마찬가지 일을하며 다림질을 하려면 다리미

바닥이 잘다려야 잘 다려짐니다. 실과는 나무에 달려잇고 장대모째리면 써러집니다. 째린다의 째는, 세게 대는것

운소리를 세게 내서 나타낸말입니다 이러한 열키고 열킨 변화속에서 「대음대어」의 관계를 다시 한번 살펴 보겟

슴니다。

●닷게 하는 것을 댄다고함니다(다…대 즉 ㅏ…ㅓ)

●약을 닷게 하는 것을 약을대린다고 함니다(다…대 즉 ㅏ…ㅓ)

●세게 매는 것을 쌔린다고 함니다(대…쌔 즉 ㄷ…ㅆ)

●불의 닷는 정도가 노파진 것을 란다고 함니다(다…타 즉 ㄷ…ㅌ)

●타게 하는 것을 탠다고 함니다(타…태 즉 ㅏ…ㅓ)

●말에 타게 하는 것도 탠다고 함니다 (타…태 즉 ㅏ…ㅓ)

●맷돌로 팟을 타는것은 팟을 터쓰리는 것이며 트게 하는 것임니다。

●가튼 태는 것이라도 싸뜻하게 하기 위하여 대는 것은 샌다고함니다

●차이가 엽지만 용도다 다르기 새문에 타게하는것은 탠다고 하고 싸뜻하게 하는 것은 샌다고하는 것임니다

●더멋던것을 더머 넘니다 (나…더 즉 ㅣ…ㅓ)

●달려 잇던 것을 쌈니다 (다…싸 즉 ㄷ…ㅆ)

●써러지는 것은 절로 싸지는것입니다 (써…싸 즉 ㅓ…ㅣ)

●써러쓰리라는 말과 써러진다는 말은 대어인비 드(쓰)와 디(지)도 대음으로 된 만임니다。

●써러쓰리는 것을 샌다고 함니다 (써…셰 즉 ㅓ…ㅓ)

●꾹지를 싸면 써러지는데쌔면부름니다 (싸…쌔 즉 ㅏ…ㅓ) 샌다는 말의 대어임니다。부스럼

●운 싸러면 쑤러지는데 남비 구멍을쌔면 구멍이 매킴니다。ㅑ와 ㅐ의 대음으로 대어를 만드는 법은 밀을 갈면

●가루가 되고 가루를 개면 덩어리가 되며(가…개 즉 ㅏ…ㅓ)장마가 가면 비가오고 장마가 개면 비가그치며 잠이쌔려

면 가문눈을 쎠야하고 이불을 쌀면 퍼지고 개키면 저펴지는 것이 모두 ㅏ·ㅓ의 대모음을 리용한 말임니다.

방이 쓰거우면 메주가 잘 쓰고 메주가 잘 쓰면 청이 씁니다. 들고 가려면 자리가 쎠야

하니 구들장을 쓴다는 것과 강물에 쓴다는 말과도 일맥 상통합니다.

동이 말러서 새가 쓰는 것(쎠머지는 것)을 튼다(터진다)고하니 터지는 것이 쎠머지는것은 가튼 뜻임니다.

터지지 못하게 테를 메는데 이 ㅜㅔ대모음 리용법은 ㅏㅓ 대모음리용법과 가튼것이며 서게하는 것을 썬다

고하는 어법에 통하는 것임니다.

너무 기머지기에 이만큼만 말해 둡니다. 요컨대 첫소리가 가튼 말은 대개가 서로 관련을 가지고 잇는데 대

음 대어법칙에 싸려서 서로 관련 되고잇는 것입니다.

十 류음 류어의 특질

대음으로 대어를 만든다는 것은 류음으로 류어(類音類語)를 만든다는 것과 마찬가지 말임니다. 이미 례시한 ㄷ

첫소리 말의 모든 례가 류음류어의 례엿습니다. 또 강모음말의 「쌘쌘, 알랑, 오목, 쏭쏭」 가튼 말의 어감이 서

르통하고, 약모음말의 「쎈쎈, 얼벙, 우묵, 쑹쑹」 가튼말의 음감이 서로 통하는 것도 류음 류어의 나타남이오.「간다,

감나다 강이다」의 ㄴ과ㅁ과ㅇ이 현재를 나타내고 「갓다, 잡대다」의 ㅅ과ㅂ이 과거를 나타내는 것도, 가튼 울림

으로 가튼솟을 나라낸 류음류어의 표현임니다. 대음으로 대어를 만들고 류음으로 류어를 만드는 것은 자연

스런 어법이니 동음(同音)으로 동어(同語)를 만드는것의 발전된것임니다. 음이 가트면 뜻이 갓고 음이 ㅜ비슷하면

뜻이비슷하고 음이 반대면 뜻도 반대가 되는 것입니다.

十一 두음 치중의 특질

위엣서 말한 다섯의 변화라든가 나울나울의 변화라든가 쏙지와쌩지라든가 ㄷ첫소리 말의 여러가지 변화라든가에

잇서서 이미 뚜려서 표시된바와가치 국어는 그 첫소리를 중하게 여김니다. 「나울나울」이라는 말이 수십가지로

변하되 그 첫소리 ㄴ만은 변하지 아넛슴니다. 「더첫」이라는 말의 여러가지 쌀에 잇서서도 첫소리 ㄷ은 변치

안슴니다. 이 두음치중(頭音置重)의 특질은 먼저말한 류음류어 특질의 포함되는 것이기도함니다. 다음에 ㄱ첫소

리말의 관련되는 모양을 드러서 국어의 특질을 다시 한번 엿보고자 함니다.

ㄱ첫소리 말은 가로(分·割)는 것에 쌕리가 잇슴니다. 칼의옛말은 갈이엇스니 가르는 연장입니다. 가래는

윤가는 것이며 가위는 그자채도 무가닥으로 갈러진것임니다. 손가락 받가락 머리카락이 다 가닥가닥 갈러

저잇는 것이며 가랭이 가지 갈구리 갈퀴 가르마(가리마) 갈비(가리) 가랑비 가랑머리가튼 것이 모두 갈러

갈러진것이나 가는 것임니다. 밀을 갈면 갈러지고 가늘고 가볍게 가루가 됨니다. 그릇에 금이 가면 갈러

지고 쌔짐니다. 접절을 쌔불면 가버운것이 불려 나감니다. 병아리를 쌔려면 알을 쌔야하는데 쌉질

이 쌔저야함니다. 금이 가면 금을 그은것(그린것)갓고 그립니다는 마음속에 그림자를 그려보는 것이며 그림

자는 해빗을 가린 그늘애 생김니다. 그림자는 검슴니다. 어둠을 쌔쓰리는것을 쓴다고 하는데 쓰면 듬이나고 그림

갈러지고 쌔집니다. 쓸은 산코 쎡는 일은하며 깍는 연장입니다. 쌋그면 가늘어지고 쇠랭이 쏙저리를

만들고 쇠도 만듬니다. 멀리 가면 가에 이를것이오 온 가가 모인비가 가온뎨임니다. 가(邊)는 가죽(皮) 굿(끗)

에 통하며 가람(江)은 갈터저서 내려가는 것임니다. 헌 이를 가러야 새이가 나고 시집을 가면 환경이 갈리고

주거가면 이승을 쎠나고 눈을 가므면 명암이 갈려서 감감 해지고 잡잡 함니다. 가리면 가로매 가로되

켜서 감춰집니다. 가둔다 가친다 간주한다 간직한다 가무린다 감쏘잣다 가튼말이 서로 관련되며 노적가리를 가리면

비를 가릴 수 잇슴니다. 가로친다 가리킨다 가튼말은 갈퍼를 가리는 것이니 가로되 가라사대 가론 가튼말

과 관련되며 가능본다 가늡다 가른 말과도 두음이 통함니다.

四一

이와 가치 첫소리가 가튼 말은 서로 피가 통하는 혈족관계를 가지고 잇스니 성(姓)이가튼 사람의 조상이

가튼것과 비교할만함니다。나는 중국어의 茄子의 변음이라고 생각되는 「가지」라는 말이 「가지」(枝)중간에서 꼿이 피

고 열매가 여는 것은 재미나게 생각한 일아 잇슴당。「갈보」라는 말은 가러 가며 보장거린다는 뜻일것임니다。

이상 례시한 것 가운데는 지나친 부회(附會)도 잇겟고 조리를 잘못 짜진것도 잇슬 것임니다마는 대체로 봐서

그러한 특질이 잇다는 것만은 부인 할 수 업슬 것임니다。

문법의 진상을 밝키려면 이러한 특질을 살펴가며 이모 저모 생각해야 함니다。그런데 현행철자법은 바침하

나만가지고 주글둥 살둥하고 잇는것이니 큰 잘못임니다。국어는 첫소리를 중하게여기고 바침을 가볍게 보는

말임니다。

十二 중국말의 영향

중국말 즉 한자(漢字)가 국어에 큰 영향을 미첫스리라는 것은 추측도 용이한 일임니다。

국문법의 정체를 차즈려면 위선 중국어가 끼친 영향을 헤치고 그 뒤에 수머 잇는 국어의 법칙을 차저야함니

다。그러타고해서 중국어의 문법이 국어의 문법을 근본적으로 변동시켯느냐 하면 그러치는 안슴니다。중국어의

어법과 국어의 어법은 근본적으로 다른 것이기 째문에 그 영향은 그다지 만치 아는편임니다。우리 조상은 국

어사용법을 잘 보존하엿슴니다。단어는 만니 이러버렷지만 부착어로서의 특질이라든가 우랄・알타이 어족으로

서의 특질가튼 것을 잘 지켜왓슴니다。일본에서는 한문을 수입한 뒤부터 ㄹ 첫소리 말을 가지게되고 또 탁

음것소리 말도 가지게 됫지만 국어에서는 ㄹ두음(R頭音)과 타음(濁音)첫소리가 살지 못하엿슴니다。그러나 가

마니 생각전대 국어의 바침발생과 한자의 수입과는 불가분의 관계가 잇는 첫 잣음니다。(일본말도 그러함)

소는

말은 「소를」 「소냐」 「소다……」 바침 업는 말에는 는(를 와 다)

말을 「말이냐」 「말이다……」 바침 잇는 말에는 은(을 과 이다)

가튼 조사의 구별이 생긴 것이라든가

美麗하다 運動한다 넉넉하다 노래한다 메리케트하다 캇지한다

가튼 「하」의 부처씀이 외국어를 국어 속에 너키 위하야 생긴 어법갓고

活潑이 (또는 活潑히)親辛이 깨끗이 넉넉히

가튼 부사형 만드는 「이」「히」의 첨가도 한숙어 수입이후에 발생된것 갓슴니다。그런즉

반드시(必·正) 깨쓰시 알쓰리 넉너기 (넉너키)

가튼 아어(雅語)는 위에 쓴것과 가치 발음대로 적고

急히 極히 速히 完全히 (또는 完全이) 窓然이

가튼 한자 어원(漢字語源)이 分明한 말은 할수 업시

급히 극히 속히 완전이 공연어
로적되 이것도 잠정적인 조치고 종당에는 이런말이 아주 국어로
그피 그키 소키 완저니 공여니

로 써야하게 될것임니다。그리고 바침잇는 우리말 명사에 「이」가 부터서 부사로되는

집집이 나말이(나달이) 골골이

가른말도 장차는 「집지비 나다리 골고리」로 써야할것이며

상당이 활발이 간단이

상당히 활발히 간단히

(상당이) (활발이) (간단이)

(활발히) (활발이) (대단히)

四一

가튼 경우에는 「히」를 취하지안코 「이」를 표준말로 사물이 가할 것입니다. 왜냐하면 「히」는 「이」의 거센소리로

서 아차 적인것이너 「이」가 바침잇는 말의 바침을 풀기위하여 쓰이는 기본 접미(接尾)이기 쌔문입니다.

다시 말하거너와 국어에는 원래 바침이 엽섯스며 명사와 부사는 말씃이 「안」으로 씃나는 것이 꼬통이엇는데

바침잇는 중국단음절어가 수입되자 그 페음절 말을 국어속에 그대로 너을 수가 엽서서 「이」라는 모음아 쌔

므거 된 것인데 이런말이 마너 생기자 「아」가 한 구실(職能)을 가진 조어(助語)처럼 인식되게 된것입니다. 한

자와 국문이 한때 어울릴수 업는데서 「이」자가 자조 쓰이게 되자 「이」가 독립된 단어와 가튼 착각을 이러

키게 된것입니다. 그러나 효셰와 가지 국어가 세력을 갓게되고 한문이 배척을 당하게 되면 국어 본연의 성질이

강력히 나타날것인즉 국문법의 진상이 날로 드러날 것입니다. 즉 신라시대에는 한자의 타음이나 쓰첫소리를 원

음대로 억던것이 그 후 차차 우랄・알타이어의 법칙으로 되도라가 만것과 가치 「활발히」 「대단히」의 「히」는

「활발이」 「대단이」로 환원될것이오 나아가셔던 「활째리」 「대다너」로 원형은 싑게 될것입니다.

十三. 일본말의 영향

일본말의 사용기간은 그다지 길지는 아넛지만 국민학교어리너들에게까지 철저이 아것을 가르친 관계로・절모

너들에게 미친 영향이 크고 이애짜머 나이 마는 사람도 큰 영향을 밧게 햇슴니다.

일본말 문법과 국어문법은 그 본바탕이 매우 가튼 것인즉 일어 문법으로 인하여 국문법이 변하지는 아넛슴니다

다만 음운(音韻)에는 적지아는영향을 미첫슴니다. 일어에는 「에」 소리가 자주 쓰이지만「애」 소리는 업슴니다. 그럭

서 어런 시절에 일어를 상용한 사람은 「에」와 「애」를 구별하지 못하게 햇슴니다. 「의」도 그럿슴니다.

「타더오」 가튼 첫소리 ㅌ을 발음 할수 잇게 된것도 일어의 영향이며 ガ ダ バ ザ 즉 g d b z 가튼 첫소리 탁음애, 예

민하게 된것도 일어의 영향임니다。

첫그 닷그 엿그 못그 쳤그 샀그 봇그 밧브 엣브 낫브

는 역사적 철법이며 쏘 서울에서는 실제로 이러케 발음되고 잇섯슴니다。 그런비 요새사람은 이런말을

석그 닥그 역그 묵그 썩그 싹그 복그 밥브 엔브 납브

와 가치 발음하게 됏슴니다。 이는 일본 말의

ハツカ ハツキ ハツク・ハツケ ハツコ……학가 학기 학구 학게 학고
ハツパ ハツピ ハツプ ハツペ ハツポ……합바 합비 합부 합베 합보

가른 발음 법측의 영향을 바든 것임니다。(경상도사람이 먼저 영향을 바덧슴) 일본인은

핫가 핫기 핫구 학게 학고
핫바 핫비 핫부 학베 핫보

가른 발음을 하지 못 합니다。현행 철자법에서

섫으 닭으 묾으 깎으 볶으

가든 생기역 바침을 취하고 쏘

바쁘 미쁘 예쁘 나쁘 기쁘 구쁘

미고러 부고러 시고러 지꺼리

어찌 어째

어머

가른 쌍초성 철법을 취하게 된것은、 쌍서가 탁음(變音가 濁音)인 것은 알지 못하고 갈바쓰기를 공연아 조아한

실정과、 일본식 발음을 정당 하다고 인정한 경상도 학자들의 주장가튼것이 원인이 아닌가 함니다。

나는 력사적 표기 즉

첫그 닷그 밧브 밋브 붓그러 밋그더 엇지 엇재 엇더

하고자 하기쌔문 임니다。 왜냐하면 이것이 어원적 철법이고 또 아정한 발음이기 쌔문이니 국어를 정화(國語淨化)

를 취하고 잇슴니다。 「뭇그」의 「뭇」은 한뭇 두뭇 하는 「뭇」이며 「밋그러」의 밋은 「미르」 「밀러」의 ㄹ↓

ㅅ전음(轉音)임니다。 「낫브」의 낫은 「나즈-낫」、 「밧브」의 「밧」은 「바트↓밧」가튼 관계를 가지고 잇슴니

나。 「엇지•엇재•엇더」의 「엇」은 「무엇」 「이것•저것」 가튼 말과 통하는 것인즉 ㅅ바침을 해야함니다。 더구나

쌍서를 탁음으로 쓰게된다면 ㄲㄸㅃㅉ는 g d b z를 나타내닛가 된소리(바침)를 내려 적는다 하더라도 철자법은

할수 업시 녀음과 가치 개정될것인데

바쓰 미쓰 나쓰 미쓰러 부쓰러 어씨 어쎠

된시옷을 ㅅ바침으로 치켜부치는 의미에서도 옛날 철자법의 정당성이 인정될것임니다。

十四、 영어의 영향

영어가 국어 사용법칙이나 국어 발음법에 미친 영향은 아직 업는것 갓슴니다。 그러나 영문 (즉 羅馬字) 이

국문 철자법에 미친 영향은 결코 적지안슴니다。 저 「한글 가로 푸러 쓰기」라는 국문 개혁 운동은 차치하더

라도 ㅈㅊㅋㅌㅍㅎ ㅆㅉㅆ 등등의 새바침을 쓰게된 가장 큰 원인이 영문의 영향일 것임니다。 그리고 쌍서 ㄲㄸ

ㅃㅉ른 된소리로 쓰게된것도 외국인이 우리의 된소리를 kk ㄸ pp zz 등으로 갈바 쓴 것에서 모방된 것임니다。

「많다 않는다 그렇다」

둥의 ㅎ 바침을 쓰게된것도 신식 물이 드러서 영자 비슷하게 하는 것은 즐겁게 생각 안 심리에 싸른것임

니다。 후음(喉音)○자를 음가(音價)업는 유명무실한 글자라고 생각하게된것——그리고 나아가서 ○자를 폐지해야

한다고 하며 ○자를 국문 二十四자의 하나로 치지안는 둥도 영문의 영향입니다。

로마자에는 KTP의 기음자(氣音字)가 짜로 업슴니다。그래서 ㅋㅌㅍ 소리를 KhThPh로 적슴니다。「얼킨다」「바

틴다」 널편다 안친다」 가른 것을 「얽히 받히 넓히」로 적게 된것도 영자의 영향을 바든것임니다。중자는 기음부호(氣音符號)가 아님니다。중자는 ㅎ자의 기

ㅎ해ㅆ로 적게 된것도 기음부호임니다。ㄱ에 한획을 가하여 ㅋ를 만들고

음자니 ㅎ위의 점이 기음부호임니다。ㄷ에 한획을 더하여 ㅌ를 만들고 ㅋㅌㅍ는

에 한획을 더하여 ㅊ를 만드렷는데 이런 새예 가획(加畫)된 것이 기음부호에 해당하는 것임니다。ㅋㅌㅍ는

K'T'P'와 가튼 제자법에 의한것이니 KhThPh가른 철자법과는 스스로 다른 것임니다。ㅋㅌㅍ 첫에 성대마찰이 섯겨야 할

지라도 그것은 ㄱㄷㅂ ㅈ와 동시에 섯기는 것이지 싸로짜로 분리할수 업는 것임니다。분리할수는 소리를

ㅁㄹ로 분리해서 적는것은 불합리한 일임니다。문자는 음의 부호인즉 간단하고 직접적인 것일수록 조은 것이니 ㄱ「얼

키바티 널파 안치 가튼 철법이「얽히 받히 넓히」보다 월등 우수한 표기임니다。

「각하」(閣下)「십호」(十戶)가「가카」「시포」가 되닛가

「장가」「삼보」도 「가카」「시포」로 발음된나는 리론은 심한 괴변임니다。

이는 마치 「떡메」가「성메」로 되닛가「셤메」로 된다는 것 가튼 괴변임니다。웃자의 바침과 아래자

의 첫소리와를 밧궈도 가튼음이 날 리는 업슴니다。

이러한 문제보다도 더 큰 문제가 잇슴니다。어간(語幹)의 고정형(固定形)을 고집하는 까닥도 쏘한 영자에

영향 임니다。 즉

四七

머그、 머거、 머기、 머겨、 안즈、 안자、 안치、 안쳐

가튼 말을 영자식으로 철자하면

ㅁㄱ一　ㅁㄱㅓ　ㅁㄱㅣ　ㅏㄴㅈ一　ㅏㄴㅈㅏ　ㅏㄴㅈㅓㅣ　ㅏㄴㅈㅔㅣ

와가치 어간이 한뭉치로 뭉쳐져서

「먹는다」는 관념을 ㅁㄱ一으로 「안는다」는 관념을 ㅏㄴㅈ一으로 나타내게돼서 마치 영어의 스펠Spelling과

가튼 효과를 나타낼 수 잇슴니다。 이것을 국문자에 리용하여

먹으、 먹어、 먹이、 먹여 앉으、 앉아、 앉히、 앉혀

가튼 철자법을 안출한것임니다、 이는 확실이 유리한듯 늣겨지는 ──── 과학적인듯 늣겨지는 철자법임니다。 그러나

국문의 구조는 양서와 스스로 다르며 또 국문에는 ㅇ이라든가 ㅋㅌㅍㅊ가튼 글자가 잇기새문에 여러가지 혼탄

이 짜러와서 위의 생각을 물타지 아니치못하게 되는 것임니다。 국문에 ㅇ자가 업고 ㅋㅌㅍㅊ자가업고 쓰 几

字必合成音하는 일음절 일문자 제도가 업섯더라면 양서식 철자법과 완전 일치하얏을는지도 모르지만 ㅇ자가

잇고 ㅋㅌㅍㅊ자가잇고 음절문자제도에의한 글자인 이상 양서 양식을 그대로 짜를 수는 업는것임니다。 이는 일본

喫…サカ、サキ、サク、サケ 는 Saka Saki Saku Sake로서

Sak이 어간인것이 분명함니다。 喫의 쑤터가 Sak에 잇슴니다。 그러나일본 글자(カナ、假名)로서는 이 쑤리을

한글자로 나타낼 수 업슴니다。 그래서 한자를 리용하여 喫カ 喫キ 喫ク 喫ケ 가튼 철자법은 취하기로 하얏

슴니다。 그러나 「喫」를 「맘」로 익는것에 큰 무티가 잇는것 아니──「喫」은 Sak에 해당함──우리조상들이

「머그、 머거、 머기、 머겨」를 「食그 食머 食그 食머 食기 食겨」로쓰지 아는 싸닭이 여기 잇는 것임니다。

Saka Saki Saku Sake를 한글 마춤법식으로 처리하면 「삭아 삭이 삭우 삭에」로 됨니다.

「삭」은 확실이 「咲」에 해당합니다. 그러면 일어의 サカ、サキ、サク、サケ를 국문으로 「삭아 삭이 삭우 삭에」가

내지 「삭아 삭이 삭우 삭에」로 철자할 것이겟습니가. 그리고 이것을 과학적이니 문법적이니 할수 잇을 것이겟넛가

머그 머거 머거 머키 머켜 안쯔 안저 안처

가튼 말은 음절로서는 두음절이지만 말로서는 한덩이 임니다. 한덩이 말을 한덩이로 나타내 보려고 하는것은 피치

아는 일임니다. 그러나 그것이 불가능할새는 두 글자로 나타낼 수 밧게 업는 것임니다. 이왕두글자로 나타내는 바에는

발음과 똑 일치하게 자연스럽게 나타내서 두글자와 두소리의 결합은 무리업시하는것이 가함니다. 「앉으, 앉아 앉

이, 앉히, 앉혀」와가튼 철법은 가튼 말을 억지로 두가지 요소로 갈러 노은 것이니 학문적문법 견지에

서 부당함은 물론이오 부자연하며 언문이맛지아너서 배우기어렵고 쓰기어려우며 익기 힘드니 실용적 문법견지

에서도 부당합니다.

이와 가튼 영자식 한말한덩이표긔를 더욱 힘세게 북도든것이 한자임니다. 우리는 한자에 二천년이나 참겨 잇

첫스며 중국을 상전으로 밧들고 그것을 짜러왓기색문에 한자를 숭상하는 마음이 쑤리거긔 배카고 마텻슴니다. 그

래서 국문은 글이 아니라고 까지 생각해 왔슴니다. 짜러서 국문을 될 수 잇스면 한문자식으로 써보려고 수백년

노력하엿습니다. 그 결과

　　앉으　앉아　앉히
　　앉아　앉히　앉혀

와가튼 철자법은 쑤며내는데 이르럿스니 이는 「坐으」 「坐아」 「坐히」 「坐혀」 가튼 효과를 나타내는 것임니

다. 그러고보니 불가불 「으, 아, 히, 혀」 가튼것에 뜻을주지 아니치 못하게되어 되지도 안는 리론을 억지로 부치게

펫슴니다. 「이」「히」가 사동(使動)과 피동(被動)을 나타내는 보조어간(補助語幹~助動詞)이라고 생각한 것이 그것임

니다。그러나 일어의

坐ㅋ、坐ㅣ、坐ル、坐ㄴ의 ㅋ刂ルㄴ에 뜻이 업드시 국어의「오、어、이、여、히、혀」에도 뜻이 업는것입니다。

또「먹으、먹어、먹이」의「먹」은「주먹」「구먹」「들먹」「먹통」「먹」과 가튼 자형이 돼서 역시 표의의 효과를 나타내지못합니다。그런즉「앗、할、긁、많、업」가튼 특수한 글자만이 표의를 할수잇슬뿐임니다。국문을 표의문자로 발달시키려면 말의 수효만큼 모양이 다른 문자를 만드러야 하게됨니다。이는 한문자의 재판을바라는 것입니다。왜냐하면 한자는 표의글자로서 가장 적당한 것이며 국문자는 표의의 요소조차업는 글자기 째문임니다。

그런즉 차라리 일본식으로「坐으、坐아、坐히、坐혀」내지「坐스、坐처、坐치、坐쳐」불쓰는 것이 조을것입니다。

죽으、죽어、죽이」의「죽」도「가죽」「반죽」「죽순」「오죽」「넙죽」가튼「죽」과 동형이 돼서

五〇

〔문 제〕

1, 언어 기원설에는 엇더한 것이 잇스며、그 중 가장 정당하다고 생각되는것은 무엇인가。

2, 세계 언어의 형태적 분류를 략설하라。

3, 세계 언어의 계통적 분류를 략설하라。

4, 국어의 형태적 소속과 계통적 소속을 말하라。

5, 우랄알타이어족의 특질을 론하라。

6, 부착어의 특질을 론하라。

7, 국어의 대음대어 특질이란、무엇인가。

8, 국어의 두음치중 특질이란 무엇인가。

9, 중국어가 국어에 끼친 영향을 말하라。

10、 일어가 국어에 씨친 영향을 말하라。

11、 영어가 국어에 씨친 영향을 말하라。

제二장 국문의 특질

一、글자

말소리는 눈으로 볼 수 업습니다。 그리고 말소리는 발음과 동시에 사러짐니다。 그리고 먼데까지 들리지 못함

너다。 이러한 결점은 멧구기 위하여 고안해 낸 것이 글자임니다。 사람은 오늘의 글자를 발명하기까지 그림이나

결승(結繩)자개쎠(具帶)가른 것으로써 글자 대신 쓴 일이 잇습니다。

X+÷→가른 것도 글자라고 할수 잇겟지만 조분의미의 글자속에는 들지안습니다。 이런것은 표(記號)라고함니

다。 표와 글자와의 한계는 음(音)의 업고 잇슴에 잇스니 표에는 일정한 음이 업고 글자에는 일정한 음이 잇슴

니다。 「앉」가른 것은 글자라가 보다는 표라고 하는 것이 오를 것임니다。

인류가 발명한 글자는 二백종류보 더 되는데 오늘날 씨이고 잇는 글자는 二十이 채 못됨니다。 글자는 그 성질

에 의하여 뜻글자와 소리글자로 나누는데 山川草木 가른 한자는 가장발달된 뜻글자임니다。 뜻글자에도 음이 잇

슴니다마는 그 음은 나라를 따러서 달리익고 쌔를 싸러달리 익는 것이 보통임니다。 이를테면 「人」자는 「인」「쉰」

「린」(四人轎)「ニン」「ジン」「ㅌㅏ」 등으로 일컴니다。 소리글자에는 두가지 계통이 잇스니 カナタラ가른 음

질문자와 a b c d ㄱㄴㄷㄹ ㅏㅓ가른음운문자가 그것입니다。 음운문자를 단음(單音)문자라고도 함니다。

글자 ┤ 뜻글자
　　　소리글자 ┤ 음절문자
　　　　　　　　음운문자

소리글자는 다만 소리를 나타낼 뿐이고 뜻을 나타내지 못합니다. 그런즉 「있」 「었」 「겠」 가튼 글자보

앞=前 앞=歯 앞=齒重

가튼 뜻을 나타내려하는 것은 뜻글자 원리에도 맛지 안코 소리글자 원리에도 맛지 안는 특수한 창안임니다. 뜻글자는 가튼 모양으로 가튼 뜻을 나타내는 것이 원칙이니 松林森朴李의 木자는 나무를 항상 나타내며 江泳汀汲沐의 シ는 물을 항상 나타냄니다. 그런데 「있었겠」 석자에 공통으로 씨인 「ㅆ」자는 뜩 가튼 뜻을 나타내지 못합니다. 종(好)봉(接)쌍(積)쫩(擠)자에 씨인 ㅎ바침도 글자 모양은 갓지만 뜻이 모두 다름니다. 「가갸거겨」의 공통형인 「ㄱ」자가 가튼 뜻을 나타내지못하는 것과 마찬가지임니다. 그런 즉 국문은 뜻글자 만들기에 부적당한 글자일것임니다. 한자(漢字)는 뜻글자로서 가장 잘된 것이건만 배우기 어려워서 못씀니다. 그런즉 국문으로 만든 뜻글자를 만들면 더욱 어렵고 불편할것입니다. 글자는 말을 적기 위한 것이고 쏘 여러 사람이 쓰기 위하여 만든 건인 고로 간단한것일수록 촛슴니다. 뜻글자는 자수가 만코 자획도 마너서 조차 못하엿슴니다. 음운문자는 음절문자보다더 간단함니다. 그런즉 음운문

자가 가장발달된 글자임니다. 국문은 음운문자 중에서도 제일 잘된 글자임니다.

二, 국문의 발명

우리나라는 十五세기 중간까지 국문을 가지고 잇지 못하엿슴니다. 혹 고대문자를 가지고 잇섯다는 기록이 잇기도 함니다. 마는 그 실증은 아주 업스며 고대문자가 잇섯슬것갓지드 안슴니다.

五二

국문이 발명되기 전에는 한자의 음이나 뜻을 따서 우리 말을 저근일이잇스니 이것을 리두(吏頭•吏讀•口訣)

라고 합니다。「밤드리 노니다가」라는 말은 「夜入伊遊行如何」로 쓴 것이라든가 「흐닌니」를 「爲加尼」 쓰는

ㄴ加로 쓴 것이라든가 「소무듭」이라는 말을 「牛無樓邑」으로 써가 그럿슴니다。

그러다가 리씨 조선에 드디와서 세종(世宗)임금이 드디어 국문을 만드셧스니 서기一四四三년 겨울에 자모를

완성하고 三年뒤 一四四六년 가을에는 훈민정음의 해례(訓民正音 解例)를 부처서 온 나라에 반포하셧슴니다。十월

九일은 그 기념일임니다。훈민정음은 일직부터 언문(諺文)이라 하여왓고 요새와서 「한글」이라고도 말하게 됫

슴니다。

三、국문의 조직

세계 모든 글자는 그것을 만든 사람과 만든 시기가 뚜렷하지 아는 것이 보통이니 이는 어느 한사람이

만든 것이 아니고 여러사람의 손을 거치고 장구한 세월에 걸쳐 차차 완성된것이기 쌘문임니다。국문은 만든

사람과 만든 셰가 분명한 문자인데 그후 五백년이 지낫건만 거의 변하지 안코 그대로 전해진—그리고 압날

예 잇서서는 그 개량이 거의 불가능할 정도로 완비된 우수한 문자임니다。훈민정음의 발명은 문자사상의 큰

거적이니 우리국민의 슬기로움을 세계에 자랑하는 조은 재묘임니다。모리스•쿠-랑박사는 말하기를 「훈민음은

세계에서 가장 론리적인 문자요 간이(簡易)한 음운 문자니 조선 정신의 명석함의 나타난 것이다」하엿슴니다。

달른 나라 모든 글자는 처음부터 계획적으로 만든 것이 아니고 또 음성학(音聲學)이 발달되기 전에 이사람

저사람이 만든 글자를 주어모아서 차차 완성한 것인 고로 그 조직에 통일성이 업고 계통도 업지만 국문은 발

달된 실담음운학(悉曇音韻學)이론에 의지하여 한국 민족의 슬기를 모아 제작된 글자인만큼 그 조직이 가장

과학적이며 론리적입니다。

十九세기 후반기에 구라파의 학자들이 로마자의 불완전한 것을 개량 보충하려고 발달된 자연과학견해를 기초로 하여 여러가지 음성기호(音聲記號)를 창작하엿는데 그중에는 참 잘된것이 여러가지 잇슴니다。그런데 그 제자원 리를 검토하여보면 대개가 훈민정음 제자원리와 一致함니다。세종대왕은 五百년전에 이미 제자법의 극치를 파 악하고 드디어 만고에 빗나는 국문을 제작하신 것입니다。구라파학자들이 만든 음성기호는 비록 제자 원리는 우리 국 문과 가트나 그 글자(記號)가 쓰고 인쇄하는데 불편하고 아러보기도 곤난한 바이잇서 어던지는 모르나 글자로서 부적당한것임니다。그래서 결국 ㅇ 로마자를 폐지하는데 이르지 못하고 로마자를 리용한 만국음성기호 (萬國 音聲記號・國際音聲記號) 가 씨일쁜임니다。국문과 로마자를 비교하면 하눌과 쌍가튼 차이가 잇슴니다 로마자 는 도저이 국문을 싸로지 못함니다。그런데 요새 우리나라 사람가운데는 국문을 보다가 로마자 모양으로 고치려하기 도하고 쏘 로마자를 설명한 음성학으로 국문을 해설하다가 풀리지안는 점이 잇슬쌔 그것을 국문의 불비 (不備)로 돌리는 사람아 잇는데 하나만 알고 둘을 모르는 조본 소견임니다。

四、ㅇ자의 음리

아야어여오요...에 씨이는 ㅇ자는 로마 글자를 사용하는 사람들로서는 도저이 리해할 수 업는 글자일것이며 그 음성학에서 연급 되지아는 문자임니다。그래서 우리나라 학자들중에도 ㅇ자를 아주 업새 버려야 한다고 싸 지 구론하는 이가 잇는 것입니다。그러나 이러한 생각은 구미계 음성학에 심취하여 국문의 특색을 돌보지 안 는 조본 소견일 것임니다。국문의 특색은 이 ㅇ자를 제정한데 잇는 것이니 ㅇ자를 버리는 날 국문은 근본적 파란을 아리키는 것임니다。 국문을 리해하려면 먼저 ㅇ자의 음리를 아러야 함니다。

ㅇ자를 제정한 근본 원인은 음성을 시간적으로 관찰한바 잇슴니다。 즉 모든 음을 첫소리와 나중소리 (쏘는

첫소리와 가운데 소리와 나중소리) 로 나눠서 관찰하여 첫소리의 갓고 다름에 짜러 갓고 다름으로 나타 기호를 정하

고、가운데 소리에 갓고 다름을 짜러 글자를 만들고、쏫소리의 갓고 다름을 또 자형의 갓고 다름으로 나타

냇슴니다。음은 시간적 존재임니다。시간적인 음을 시간적으로 관찰한 것이 훈민정음의 독특한 제자법임니다

그래서 처음부터 쏫까지 쪽가튼 소리로 나오는 단모음도 이것을 첫소리와 나중소리로 나눠서 관찰하엿스니

「ㅏ」와 「ㅓ」는 그 첫소리의 발음되는 위치와 발음법이 갓고 나중소리가 서로 다름니다。그래서 첫소리 표를

갓게하고 나중소리 표를 다르게 한 것임니다。로마자의 a 와 i 는 그 첫소리가 가튼 것을 자형으로 나타

내지 못함니다。「ㅏ」와 「ㅑ」는 첫소리가 다르고 나중소리가 가튼 것을 자형자신이 여실이나타 넘니다。그러나 a 와

ka는 다 한음절이면서도 자수가 갓지안코 쏘 첫소리의 다른 모양을 적확이 나타 내지 못함니다。

로마자에는 W Y 가튼 반모음(半母音)이라는、 차음도 되고 모음도 되는 글자가 잇슴니다마는 국문에는

이러한 중성(中性)글자는 업슴니다。어디까지나 시간적으로 분석하여 첫소리와 나중소리로 나눠생각하는 글자임

니다。음을 시간적으로 분석 관찰한 것이 국문의 쒸어난 솜씨임니다。시간을 짜나서 음이 잇슬수 업다는ー음성

은 공간적 존재가 아니라는ー고급한 관찰에 의하여 제작된 것이나 짜러서 국문은 첫소리 글자와 나중소리

글자를 합처야 음을 이루게 조직 돼 잇슴니다。ㄱㄴㄷㄹ…ㅏㅓㅗㅜ…가튼 국문 자모는 단독으로 발음 되지

안는다고 보는것이 국문의 음성학이오 국문의 제자법임니다。K n t l …a o e u 가튼 단자가 음은 이룰수 잇는

로마자와는 아주 성질이 다름니다。(담는다)……가튼 말을

사리미 바블 그로세

「사람이 밥을 그릇에」

와 가치 관념어와 형식어로 분기 할수 잇는 것은ㅣ 그러면서도 정제한 자형을 이룰수 잇는 것은 ㅇ자의 제정이 잇기 때문입니다。 ㅇ자가 업섯더라면 「사람ㅣ 밥을 그릇ㅔ」와 가치 뺏슬 것이며 「아버지ㆍ어머니」는 「아버지ㆍ어머니」와 가치 적게 뺏섯슬 것이니 글자의 균형을 엇지 못하엿슬겄입니다。 그런데 「합。핡。놀애」가튼 철자법은 ㅇ자를 람용한 것임니다。 ㅇ자를 람용하면 폐단이 생김니다。 한글 마츰법 통일안은 ㅇ자를 람용한 철자법입니다。 그리고 가로 뚜러 쓰기라는 것은 ㅇ자를 전연 쓰지 안는 철자법입니다。 ㅇ자를 적당이 씀으로써 철자법은 중용을 엇는 것입니다。

가나와박사(金澤博士)는 「훈민정음여 후음. ㅇ자가 잇는 것은 훈민정음이 세계에 류례업는 우수한문자인 한 특색이다」 고 말하엿다하는데, 세계에 류례 업는 문자인만큼 람용해서 안되며 쏘 우수한 문자인만큼 폐지해서도 안됨니다。

五、 첫소리글자의 조직

국문 첫소리 글자의 조직은 다음과 갓슴니다。

조음법	조음위치	아음	설음	순음	치음	후음	반설음	반치음	비 고
청음	전청	ㄱ	ㄷ	ㅂ	ㅅ ㅈ	ㅎ			全淸(無聲無氣音)voiceless small expiration
	차청	ㅋ	ㅌ	ㅍ	ㅊ ㅎ				次淸(無聲有氣音)voiceless great expiration
	(된소리)				ㅆ				硬淸(無聲閉鎖音)

	全濁(有聲無氣音)voiced	次濁(有聲有氣音)voiced	不清不濁(鼻音)nasal
탁음 전탁 차타	ㆆ ㄲ ㄸ ㅃ ㅉ ㅆ ㆅ		
불청불탁음			ㅇ ㄴ ㅁ ㅇ ㄹ ㅿ

첫소리 글자를 이와 가치 분류하는 법은 실담음운학의 계통을 이은 중국 운서에서 일직부터 취하여 오던 바임니다。 훈민정음의 자모는 운서의 자모로를 번역한것이라하여도 과언이 아닌 것임니다。 다만 중국 운서에는 된소리 자모가 엽스니 중국어에 된소리가 엽섯기 때문이며 ㅿ 차탁(次濁)자모는 중국 운서에도 엽고 훈민정음에도 엽스니 량국어의 이 음계가 엽기 때문임니다。 다음에 각음계의 내용을 설명하겟슴니다。

청음과 탁음
　청음……과렬음 중 성대의 규칙적진동으로 생기는 「성」 voice이 싸르지안는 말근소리
　탁음……과렬음 중 「성」이 싸르는 호린소리

청음
　전청(예사 말근 소리)열린 성대에서나오는 숨결로 발음되는 단순한 소리 Ktp(ㄱㄷㅂ)들
　차청(거센 말근 소리)성대를 마찰시켜서 생긴 숨결로 발음되는 소리 khthqh(ㅋㅌㅍ)들

탁음
　전탁(예사 호린 소리)단순한 탁음 gdbz(ㄲㄸㅃㅉ)들
　차청(된 말근 소리)다첫던 성대를 과렬하고나오는 숨결로 발음되는 소리 ?k?t?p(ㄲㅆㅉ)들

　차탁(거센 호린소리)성대마찰의 소리결이 싸르는 탁음 ghdhbhzh類(國語音에는 엽슴)

●●● 불청불탁음이라는 것은 청탁음이라고도 하는데 실담음운학에서는 mnng 가튼 코소리만을 말하는 것이지만 중국 운서와 훈민정음자도 대는 코소리이외의 「탁음아닌 유성음」(濁音外의有聲音)을 모라서 이 음계에 부처묶나다。

중국 운서 가운데는 「불청불탁음」을 「차탁음」이라고 한것도 잇는데 필경 잘못된 것일 것임니다。 일본에 전하

는 운경(韻鏡)이라는 운서에는 「전청」「전탁」이라는 술어가 다만 「청」「탁」으로 돼 잇습니다. 그런즉 일인이

「청음」(淸音)이라는 것은 「전청」을 뜻하는 것이며 일인이 「탁음」이라는 것은 「전탁」을 뜻하는 것이엇습니다.

六. 쌍서 탁음론 (雙書濁音論)

위에서 설명한바와가치 탁음의 전탁자모 ㄲㄸㅃㅉㅆㆅ하는 문자 그대로 탁음 글자임니다. 즉 ㄱㄷㅂㅈㅅㆆ의 유성음

(有聲音)임니다. 그런데 근대 우리 나라 학자들은 된소리(硬音)와 탁음과를 혼동하여 쌍서를 된소리표로 쓰게

하엿슴니다. 즉 「까치 쌀기 싼자 쌀」가치 써오던것을 「까치 딸기 짠지 뿔」가튼 글자로 고치고 마럇슴니다.

이는 잘못된 개정이엇슴니다. 그분들이 쌍서가 탁음자인 것을 알지 못한 것은 천려의 일실(千慮一失)이라고 아니

할수 업슴니다.

필자가 쌍서가 탁음인줄 아러 낸 것은 최근의 일임니다. 필자는 벌로 힘드러지안코 이것을 아러 냇는데 우리나

라 학자들이 엇재서 이것을 알지 못하엿는지 정말 이상한 일임니다. 훈민정음 제자해(制字解)엔도 쭈려시 쌍서는

탁음(즉 全濁)이라고 설명돼 잇슴니다. 세종대왕의 음성학은 실담음운학에서 발전해온 운서(韻書)에 의한 것임니다. 훈민

정음 제정의 중요한 목적의 하나는 한자의 음을 표음문자로 적고저 하는데 잇섯슴니다. 반절(反切)법의 불편을 제

거할 수 잇는 음성기호를 제작하려 한 것이 훈민정음 제작동기의 하나임니다. 한자에는 수천자에 탈하는 탁음자가

잇슴니다. 이 탁음자는 우리 나라에서도 탁음으로 일것섯스리라고 생각됨니다. 필자는 쌍서로

백제인은 통하여 한자를 배운 일본 사람이 한자탁음을 준별하는것을 봐서도 짐작되는 일임니다. 필자는 쌍서로

저켜잇는 한자를 三千자 가량 골라시 ―― 이 일본 자전과 대조해 본 일이 잇슴니다. 그 결과는 국문의 쌍서음과

일본의 탁음이 쪽가튼 것이라는 움지기지 못할 증거로 나타낫슴니다. 탁음은 중국에 잇서서도 남쪽에만 남고 북

쪽에서는 그 자취를 감췄슴니다。蘇州지방에서는 옛날 탁음자(濁音字)가 금일에도 탁음으로 일키고잇다고 함니다。

「字」자의 초성은 ㅉ이엇슴니다。즉 탁음이엇슴니다。그래서 「洪字、君字、侵字」를 「홍ㅉ 군ㅉ 침ㅉ」로 주음(註音)하지안코 다음과 가치 저것섯슴니다。

洪ㄱ字、君ㄷ字、侵ㅂ字

즉 사이된소리표를 저거 씨엇섯슴니다。이것은 「홍짜、군짜、침짜」와가치 字자를된소리로 일그라는 표시임니다。ㅉ소리가 ㅆ소리와 꼭가튼 것이라면 사이된소리표를 저것슬 리가 업는것임니다。이런 고기(古記)에도 쌍서가 탁음자엿다는 표시가 잇슴니다。

ㅺㅼㅽㅾ가튼 글자모양은 Sk St Sp Sj 즉「스그、스드、스브、스즈」가튼 음의 표시가 될것이 아니냐는 리론ㅣ즉 ㄲㄸㅃㅉ만이 합리적인 제자법이라는 학설ㅣ은동쪽을 뭇는데 서쪽을 대답(東問西答)하는 격의 괴변임니다。이런 리론은 세종대왕의 문자 제작권을 침해하는 것이 될 뿐임니다。

쌍서탁음은 복고돼야 함니다。그리고 된소리는 된시옷으로 쓰는 것이 가장 합법적이며 편함니다。근대 언어생활에 잇서서는 탁음자가 꼭 필요함니다。ガダバザ내지 g d b z가튼음을 저글 수잇는 문자가 국문에도 꼭 필요함니다。국문에서 탁음글자가업섯다는 것은 국문의가치를 저락시키는 참지 못할 슬픔임니다。또 고서에 무수하게 수천 수만번나타나는 쌍서를 탁음으로 바로 익게하기 위해서도 쌍서탁음은 복고돼야함니다。

七、첫소리 글자 모양의 론리성(子音字形의論理性)

근대구라파의 유명한 학자들이고안한 음성기호는 대개 로마자와 희랍글자에 기초를 둔 것이엇슴니다마는 이

에 대하여 모든 점에 잇서서 종래의 자모와 관계 업시 아주 새로운 기호를 고안한 첫이 독일의 생리학자

머 음성학자인 뿌룩케 E. Brücke 와 영국의 학자 뻴 A. M. Bell 이 사용한 음성기호입니다。영국의 언어학자며 은

성학자인 스위트 H. Sweet는 이것에 다시 비판을 가하여 개량하엿는데 그 한모를 엿봄으로써 국문 초성자의

비상한 제자 솜씨를 증명하겟습니다。

발성기의 작용을 보면 b·d·g·k·m·n·ng·p·t 아홉소리 사이에는 다음과 가튼 관계가 안정됩니다。

p:b=k=g:d=m:n:n ( )=ng)

그런데 위에 저근 국제음성기호는 그 자형 자신(字形自身)아 위의 음성관계를 나타내지못합니다。이에 반(反)

하여 스위트의 기호에 의하면 위의관계식은 다음과가치돼서

ㅁ:ㅂ=ㄷ=ㅁ:ㅅ=ㅁ:ㄱ:ㅇ

ㅂ:ㅂ=ㄷ=ㅁ:ㄱ=ㄷ:ㅇ:ㅓ

기호자신아 음성의 생리학적 관계를 명료하게 나타냄니다。스위트의 기호는 이러한 장점이 잇는 것임니나마

는 글자로 채용 되지 못하고 매장되어 버렷스니 쌜리 쓰고 쌜리 일글 수 엽는 결점을 가지고 잇섯섯기때

문임니다。

훈민정음의 첫소리 글자는 이러한 시음문자(視音文字·視話文字)의 원리에 꼭 맞는 글자입니다。위의 음식을

국문으로 처거보면 다음과 갓슴니다。

ㅁ:ㄱ=ㅃ:ㄲ=ㅁ:ㄷ:ㅇ

혀소리(舌音)의 가본자형(基本字形)은 ㄴ자입니다。ㄴ자는 혀웃을 우읏몸에 댄 형상을 나타낸 글자입니다。ㄴ소리를 코로 발음하지안코 과렬시키면 ㄷ소리가 됩니다。ㄴ와ㄷ는 음성생리학상 밀가붐와 관계를 가지고 잇는 소리입니다。그래서 글자 모양의 기본이 가튼 것입니다。ㄷ소리를 거세게 발음하면 성태마찰의 숨섭로 발음돼면 ㄷ소리가 됩니다。ㄷ와ㅌ는 그 기본이 가튼 소리기쌔문에 가튼 글자모양을 취한것입니다。ㅌ는 ㄷ의 타음입니다。성태를 진동시키고 나오는 숨결로 ㄷ소리를 발음하면 ㄸ소리가 됩니다。ㄸ는 ㄷ의 된소리입니다。성태를 더치고(被音하고)나오는 숨결로 ㄷ소리를 발음하면 ㄸ소리가 나는것입니다。아라하여 허웃에서받음하는 소리표든 모두 ㄴ형으로 기본을 사믄 것입니다。ㄹ자도 그럿습니다。이

ㄱㄷㅌㄸ, ㅁㅂㅃ……。

ㅅㅈㅊ……Ↄ, ㅇㅎ……ㅇ。

의 제자법 공식을 그대로 발전시켜서 가튼 글자를 만든 것하니 리치만 깨치면 하나를 알고로써 전부를 알수 잇게 된 훈민정음입니다。그러기에 국문은 깨치는 학문이지 외(記憶)는 글자가 아님니다。

훈민정음이 론리적이 아닌대가 꼭 한군대 잇슴니다。즉 탁음으로서의 ㅆ자와 된초리로서의 ㅆ자는 된소리 굴자입니다。그러나 ㅆ자는 타음입니다。그러나 탁음의 ㅆ와 타음의 ㅆ가 동형을 취하게 뱃슴니다。그런비나, 이러한 제자기본 방식애 의하야 된소리의 ㅆ와 타음의 ㅆ가 동형을 취하게 뱃슴니다。그런비 실재에 잇서서는 혼란아 이러나지 아넛던 것입니다。왜냐하면 국어에는 탁음으로서의, ㅆ소리가 업고 한자(漢字)에는 된초리로서의, ㅆ소리가 업섯기 쌔문입니다。그런즉

씨 션 셤 썅 쎤 쏜 쓔 쎵

時 神 尋 象 常 善 囚 馴 徐 乘 (奎章全韻에서)

가튼쌔의 ㅆ는 타음을 나타내고

말쓰리 ᄒᆞᆼ 허쓰리 수ㅁᆞᆼᆺ써라 (訓民正音諺解에서)

가튼쌔의 ㅆ는 된소리를 나타내는 것입니다.

그러나 압낱애 잇서서는 ㅆ자를 두가지로 쓰면 혼란을 면치 못할것이니 ㅆ는 된소리로만 익기로 하고 타

음의 ㅆ는 △로써 대용(代用)함이 가한줄 암니다.

八 모음자형의 론리성

국문 자형의 비상한 솜씨는 모음자에 이르러서 더한층 빗남니다. 훈민정음의 창의(創意)는 실로 모음자형에

잇는 것입니다. 자음(子音)조직은 운서(韻書)의 자모(字母)를 기호(記號)화 (化)한데 불과 한것이지만 모음자의

제정은 전고에 업는 우수하고 독특한 솜씨임니다.

훈민정음 모음자는 ·ㅡㅣ 기본三자에서 부터 시작됩니다. ·ㅡㅣ 석자는 天地人 삼재에 비교 해설돼 잇스니 제

자해(制字解)일부를 발취하여 저거 뵈겟습니다.

· … 舌縮而聲深 天開於子也 形之圓 象乎天也

ㅡ … 舌小縮而 聲不深不淺 地闢於丑也 形之平 象乎地也

ㅣ … 舌不縮而聲淺 人生於寅也 形而立 象乎人也

이 석자를 아래우나 안팎그로 합쳐서 ㅏㅓㅗㅜ 넉자를 만들고 다시 ㅑㅕㅛㅠ 넉자를 만드렷스니 이에 관하

여는 다음과가튼 설명이 잇슴니다.

六一

ㅗ…與ㆍ同而口蹙　其形則ㆍ與ㅡ合而成　取天地初交之義也

ㅏ…與ㆍ同而口張　其形則ㅣ與ㆍ合而成　取天地之用發於事物待人而成也

ㅜ…與ㅡ同而口蹙　其形則ㅡ與ㆍ合而成　亦取天地初交之義也

ㅓ…與ㅡ同而口張　其形則ㆍ與ㅣ合而成　亦取天地之用發於事物待人而成也

ㅛ…與ㅗ同而起於ㅣ

ㅑ…與ㅏ同而起於ㅣ

ㅠ…與ㅜ同而起於ㅣ

ㅕ…與ㅓ同而起於ㅣ　(中略)

ㅛㅑㅠㅕ之圓居上與外者　以其出於天而爲陽也

ㅠㅕ之圓居下與內者　以其出於地而爲陰也

ㆍ之貫於八聲者　猶陽之統陰而周流萬物也

ㅗㅏㅜㅓㅛㅑㅠㅕ之皆兼乎人者　以人爲萬物之靈而能參兩儀也

取象於天地人而三才之道備矣　然三才爲萬物之先　而天又爲三才之始　猶ㆍㅡㅣ三字爲八聲之首　而ㆍ又爲三字之冠也

제자해에 象形而字倣古篆이라고 씨어잇는 것을 리해하지 못하는 학자가 마는데 象形이라한것은 첫소리 글

자는 발성기의 形을 象하고 모음자는 天地人을 象하엿다는 뜻이며 字倣古篆이란 草書、行書、楷書、隷書、八

分、章艸、飛白、大篆 小篆가튼 여러가지 서체(書體)가운데서 옛 전자를 모방하엿는 뜻임니다。국문이 전자

니다 그리고 옛 전자(篆字)체로 쓰던것이 해서(楷書)체로 변하엿슴니다。즉 「ㄱ」자가 똥그란 점이던 것이 쌀분 획으로 변하엿습

오늘의 국문은 모음글자 모양이 매우 변하엿슴니다。모음자는

처는 참아름답습니다。압난에 잇서서는 전자체의 활자를 만드러서 감상함이 조을것임니다。

쏘는 ㅓㅕ는 쌀본소리에쓰고 ㅣㅣ를 긴소리(엽다·연구 가튼쌔)에쓰는것도 묘한방범일것임니다。

• 一ㅣ기본삼자의 음가(音價)설명을보면 이것이 十八세기말에 이르러서 헬왁C. F. Hellwag 이 고안한 모음삼각형에 또한 구상이 이미 세종대왕의 생각속에 잇섯다는 것을 알 수 잇슴니다。그리고 뻴Bell의 모음三十六종해설의 솜씨도 이미 취해젓다는 것을 알 수 잇슴니다。그쑨임닛가, 음운상징(音韻象徵)에 관한 고려까지 글자모양에 가해저 잇지 안슴닛가, 실로 놀라운첫이 세종의 음성관찰과 제자법임니다。국문 모음자를 모음삼각도에 그러너으면 나음 과 가치 됨니다。

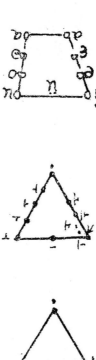

위의 모음도는 •ㅡㅣ를 기본 三점으로 씨거서 그린것이고, 가운데 그림은 아래 그림과 절충하여 그려본것임 니다。•자의 위치가「아오」의 간음이니「온가운대소리」ㅣ하는 여러가지 설이 잇슴니다마는 짐작에 지나지 안는 것 인즉 너무심각하게 생각할필요를 늣기지 안슴니다。가운데 그림에서 주의할것은「이애애에외의」가튼 속칭 의바침잇는 글자가 전부 혀앞(舌前)에 벌려잇는 점임니다。즉·세종께서는 이런소리와「으아어오우으」가튼소리와를 각각 관련 잇는소리로 생각하셨슴니다。이는 로만글자의 제도와 크게 다름니다。요새 우리나라 학자가운데는 애에외위가튼 母音)종모음(重母音)해설법과도 크게 다름니다。구미음성학자들이 말하는 단모음(單소리의 모음자형이 ㅏ와ㅣ、ㅓ와ㅣ、ㅜ와ㅣ、ㅗ와ㅣ、ㅡ와ㅣ의 합자(合字)로 된것이 음성학적으로 올치안타고 말하는 사람도 잇슴니다마는 이

구미음성학만이 발달된 음성학이고 세종의 음성학은 보잘것 업다는 전제아래서 발설된 치우친 해석임니다.

소리는 눈으로 볼수도 업고 손으로 만저볼 수도 업는 것이어서 기계나 사진둥을 통하여 연구해도 그것을 완전이 알길이 업는 것임니다. 그런즉 분명치도 아는 것을 가지고 세종의 음성관찰을 시비하는 것은 삼가야 함니다. 요는 섭게 깨칠 수 잇는 글자면 고만이 아니겟슴니가. 가자에 ㅣ하면 개, 거자에 ㅣ하면 게, 고자에 ㅣ하면 괴, 구자에 ㅣ하면 귀... 가른 제자법이나 교수법이 그 얼마나 간편한 방법임니가. 이것을 구태어 「애」는 「아」와 「ㅣ」와 상관업는 단모음이라고 푸러서 무슨 실질적 리익이 잇단말임닛가.

•ㅣㅡ기본 三자를 운용하여 세계어느나라문자보다도 론리적이오 과학적인 문자를 이루엇다는 것은 이 석자의 배치여하로 모든 모음을 저글수잇는 방도를 발견하엿다는 것은 ㅣ그리고 그글자 모양이 서로 관련돼서 하나를 알면 나머지를 스스로 깨칠 수 잇게 만드럿다는 것은 도통한신인(道通한神人)의 솜씨임니다. 뺄의 모음도 즉 혀의 「상중하」와 「전중후」와 소리의 장협, 입술의 개합을 배합해서 어든 井자표 九모음의 네가지 三十六모음 구상과 훈민정음 모음자를 비교하여 다음에 그림을 그려 뵈겟슴니다. 뺄의 기호가 어디싸지나 기계적인 관찰인데 비하여 세종의 글자는 변화잇는 가운데 통일이 잇서서 틀리려해도 틀리지 못할만큼 알기쉽게 돼잇는 것임니다.

리자의혀
前 中 後

	前	中	後	
小	ㅣ	ㅡ	ㆍ	高
中	ㅔ	ㅓ	ㅗ	中
大	ㅐ	ㅏ	ㆍ	低

颚角　廣平圓　술입　혀노피

뺄의 基本音母圖

리자의혀
前 混合 後

	前	混合	後	
小	ㅑ	ㆉ	ㅕ	高
中	ㅒ	ㆌ	ㅖ	中
大	ㅘ	ㆎ	ㅝ	低

악자　혀노피

뺄의 基本音母圖

국문은 어디까지나 종합적인 것이지 한가지 리치만 발킨글자가아님니다。

ㅏㅐ…알랑 오목 애해…陽
ㅓㅜㅔ…열명 우묵 애헤…陰

ㅏㅗ가튼 글자는 글자족 ●자가 밧기나 위에 늬는 글자를 양성음이라 하엿고 늬는 글자는 음성 글자라고 하엿슴니다。그인마나 쉣우른 해설임닛가。ㅓㅜ와가튼글자 즉 ●자가 안이나 아래에

ㅓㅜ와가튼 국어의 실제와「ㅏㅕㅐ」「ㅓㅕㅔ」「ㅗㅛㅚ」「ㅜㅠㄱ」외글자모양이 잘 부합되니 또 신묘합니다。

아이 → 애   개이 → 개   재이 → 재   거이 → 게   오이 → 외   우이 → 누이

가름 → 갊   벼루 → 벼   모荳 → 모   휘지 → 훼지   되아서 → 돼서   지 → 쥐   쉬어 → 쉐
개물 → 밸루 → 뫼   뫼 → 뷔 → 쥐

가론

ㅑㅕ… ㅣ先合母音
ㅐㅖㅙ… ㅣ後合母音

ㅒㅖ ㅑㅕ
ㅖㅙ ㅐ…ㅣ

—먼저섯근모음과ㅏ나중합한모음이 서보넘나드는것도 훈민정음은 글자모양으로 그음리를 설명하고 잇슴니다。즉

ㅒ=ㅏ+ㅣ   ㅖ=ㅓ+ㅣ   ·· ㅛ=ㅗ
ㅠ=ㅜ+ㅣ   …=ㅗ+ㅜ   ·· =ㅛ=ㅗ
ㅛ=ㅑ+ㅣ+ㅜ   ㅖ=ㅑ+ㅣ+ㅣ   ·· ㅛ=ㅛ

맛치 수학공식과가치 풀수잇는것이 훈민정음의자형임니다。그런즉 세종의 음성관찰에 관하여는 [최대의] 경의를

표해야 할 것이지 구미 음성학을 숭상하는 나머지 이것을 숭상 비난하는 일이 잇서서는 안될 것입니다。

九、 국문의 음절문자 제도

일본 글자(カナ)가 음절문자라고 하지만 「쟌、 펀、 균」「쟉、 쟌、 감」가튼 한음절을 「キヤン キヨン キ ユン」「カ ク カ ム ン」처럼 두글자 이상으로 적지 아니치 못하니 カ ナ는 완전한 음절문 자로서도 가장 완벽한 문자임니다。「쟉、 쟌、 쟝」을 Kak Kan Kang 과가치 석자로 적는 것은 「한음절 한글자」를 희구하는 음절문자의 리상을 충족시키지 못함니다。 훈민정음 원본엔 例즉 酉時라는 말이 잇슴니다。 여러 단음(單音)이 패서 한음절을 이룬 것을 신묘하게 나타낸 글자임니다。 이 두 자는 다음 十一단음으로 분 해할수 잇슴니다。

ㄱ•ㅠ ㅅ ㅁㅅㄱㄴ•ㅣ (ㄷ•ㄹㄱㅅ ㅂㅅㄷ•ㅣ)

열한자를 느러노코 두음절로 발음하는 것이 일마나 무리할 것이겟슴닛가。 그런데 이 열한성분이라도 무글자 에 다붙수잇게 된것이 국문이니 얼마나 놀랍슴닛가。

새 학자가운데는 국문은 가로푸러 쓰는 것이 리상적표기라고 주장하는 이가 잇지만 그러케하면 음절문자로서 의 장점을 포기하는 것이 되니 앗가운 일임니다。 푸러쓰기가 인쇄를 쌀리하기 위한 주장일진댄 국문의 제도를 파괴하려하지 말고 인쇄법의 개량을 쇄해야 할 것이오、 푸러쓰기가 어간의 고정(語幹의 固定)을 위하여 주장되는 것이라면 실용문법에대한 새로운연구를 해야 할 것입니다。

十 국어와 국문과의 관계

영어를 적는데는 영문이 적당하고 일어를 적는데는 일문(カナ)이 적당하고 중국어를 적는데는 한문이 적당하며 국어...

를 적는데는 국문이 가장 적당한 것임니다.

국문은 국어를 적기위하여 마련된것임니다. 알랑→열렁 오목→우묵 애해→에해가른

교묘한 자형이 생겨난 원인도 국어에 ㅏ‥ㅓ, ㅗ‥ㅜ, 애‥에의 음감상징법이잇기쌔문아며 갸름‥개름 벼루‥베루

묘‥뫼 규모‥뉘모의 「ㅑ‥ㅖ ㅕ‥ㅒ ㅛ‥ㅚ ㅠ‥ㅖ」가튼 모음을 ㅡ먼저 첫근 모음과 ㅡ나중 합한모

음으로 관찰한것도 우리말의 「ㅐ」는 「ㅏ이」와 「ㅔ」가 서로 넘나드는비서 생겨 난것이 아

닌가 함니다. 「아이」와 「애」가 통하고 「가이」와 「개」가 통하며 「ㅗ이」와 「ㅚ」가 통하는비 ㅐㅐㄱㅣㄱㅣ 가튼

의 생각은 구미음성학에 이끌린것인데 구미음성학이 과연 바른 것인지 누가 암닛가. ㅏ애ㅣㄱㅣ가 단모음이라고 하는 사람

국문은 국어속에서 우러난것인즉 국어를 설명하기에 알맞는 음성학으로 국문을 평가해야함니다. 「각」「갓」

「갑」 가튼 소리는 소리섯이 완전아 다쳐짐니다. Kak Kas Kap 과는 스스로 다른바가 잇슴니다. 이를떼면 웃안 (衣

ㄱㄴㄷㅁ가튼 철자법은 국어의 바침이 완전아다다쳐지는 것을 나타내는데 적당치 안슴니다. ㄴㄱㄴㄱㅡ

ㅅ ㄱㄴㄷ ㅁㅅㄱㅎㅇㅁ 우로씨노으면 「오산」 「부사홉」 가튼 발음이 돼서 안됨니다. 국문 자모에 ㅋㅌㅍㅊ가

튼글자가 제정된것은 국어에 이러한 음계가 잇기 쌔문임니다. 일본사람은 ㅋㅌㅍㅊ소리를 리해하지 못함니다.

로마자에 ㅋㅌㅍㅊ에 해당하는 글자가업는 것도 「ㄱㄷㅂ」와 「ㅋㅌㅍㅊ」의 분간아 확실치아넛섯기 쌔문일것

임니다. 중국이나 영국이나 일본의 글자로 ㅅㄴㅆㅆ된소리를 적지 못할 것이니 그런 나라에는 된소리가 업

기쌔문에 뒨소리 글자가 업는것임니다.

다시 말하거니와 국문은 국어속에서 우러난것ㅡㅡ국문은 국어가 만드러 낸것 임니다. 국문에 장점이잇다면 그것

은 곳 국어의 장점일 것이오 국문에 결합이 잇다면 그것은 국어의 결힘일것임니다. 모리스•쿠―랑박사는

「훈민정음은 가장 론리적인 글자요 간이한 자모다」

고 평하엿스며 이것은

「조선 정신의 명석(明晳)한 표시다」

고 결론하엿는데 조선정신의 명석성은 국어의 명석성으로 나타날것임니다.

있었겠오 없애자 앉히어라

가튼 글자가 과연 명석한 글자겠슴니가.

국문은 뜻글자의 모자라는 (뜻 글자로서 할수업는) 구실을 하기위하여 만드러진 글자임니다. 그런데 국문으

로 뜻글자를 만들려하니 이는 자살(自殺)행위 밧게 안됨니다.

잇섯겟소 엽새자 안처라

가튼 간이한 국문을 사랑해야할것이며 이러케쓰는 것을 합리화하는 리론체계(文法)를 찾는데서 국민정신의 명

석성이 발휘될것임니다.

국문을 「언문」이라고말하여 왓슴니다. 이것을 요새와서 「한글」이라고 고첫슴니다. 이것이 국취사상의 나타난것임을

모르는 바가 아니지만 결과로봐서 국민을 최약감에 고통케하엿고 조상을 숭배치안케 만드럿스니 역효과를 나

타냇스며 「한글」이라는재모운 말을 하나 더 배우게 됏스니그만큼불경제한일임니다. 「언문」이니 「언해」니 「속담」

이니 「상말」이니 모두 다 조은 말임니다. 이것이 조은 말아라고 자부하는데서 조상을 섬기는 마음과 민족을

존경하는 마음이 생길것임니다. 이런말을 낫분말이고 천한말이라고 생각하면 그만큼 정신적 고통을 바들싸름

임니다. 국취정신도 죽슴니다. 그러나 그보다 더 긴급한 것이 과학정신 즉 실용적 정신임니다. 「언문」을 「한

六九

글」이라고 고쳣댓자 나라의 힘은 조금도 늘지안슴니다.

【문제】

1, 인류가 발명한 글자의 종류는 얼마가량이며 그 중 오늘날 씨이고 잇는 글자는 멧종류나 되나.

2, 서기 一四四六년에 발간된 「훈문정음」(解例本)에 「癸亥冬我殿下創制正首二十八字略揚例義以示之名曰訓民正音」고 씨어 잇는데 (癸亥는 西紀一四四三년) 그러면 訓民正音字母가 完成된 해는 언젠가.

3, ㄱㄷㅂㅈㅅㆆ ㅋㅌㅍㅊㅎ ㄲㄸㅃㅉㅆㆅ ㅇㄴㅁㅇㄹ△ 를 조음 위치와 조음법에 따러서 표로 그리라.

4, 전청, 차청, 천탁, 불청불탁에 대하여 설명하라.

5, 전탁(全濁)과 탁음(濁音)과의 관계를 론하라

6, 「ㄲ와ㅅ」 「ㄸ와ㅆ」 「ㅉ와ㅆ」 「ㅃ와ㅄ」는 엇더케 다른가 요약해 말하라.

7, 국문과 로마자와의 제자상의 차이를 론하라.

8, 국문 자형의 논리성에 대하여 말하라.

9, 국문의 첫소리글자 조직은 무슨 문헌에 의거해서 만든 것인가.

10, 국문의 세계적 지위를 론하라.

七〇

중편 국문법 개요

제一장 문법의 개념

一、 문법과 국문법

말은 시대를 따러 변천하고 곳을 따러서 갓고 다름이 잇습니다。이를테면 우리 국어에잇서서도 몽비어청가 나 원일천강지곡에 씨인 말은 매우어색하며 제주도나 함경도 사투리는 아러듯기 어렵습니다。그러나 어느시대 어느곳의 말이든지 그것을 사용하는데는 스스로 정해진 법칙이 잇습니다。이것을 문법이라고 함니다。우리네 가 말은 사용하여 목적을 이루려며는 공통의 표준어를 정하고국어를 통일하지아느면 안됨니다。그리고 표준어로 정한 국어의 문법을 따러가야함니다。이 표준어의 문법을 국문법이라고 함니다。

문법은 풍속이나 습관처럼 달러져가는 것이지만 이것을 무시하고。모라보지 아늘새는 다만 자기의 생각을 정 확하게 전달하지못하게 될쑨아니라 타인의 말을 오해하고 심지어는 말의 존재할 리유도 엽서지게 될것임니다。

二、 문법의 종류

문법은 그 목적과 방법에 싸러서 다음과가치 분류함니다。

Grammar
문───법
　　　┌─── 학문적 문법 Theoretical Grammar
　　　└─── 실용적 문법 Practical Grammar

문법에는 과학 Science 으로서의방면과 기술Art로서의 방면과의 두 방면이 잇서서 학문적문법과 실용적문법과로

七一

분류됩니다。학문적문법이라는 것은 언어현상을 과학적으로 연구하는 것이고 실용적 문법이라는 것은 바르게 말하고 바르게 쓰는 것을 목적으로하는 것임니다。즉 학문적문법은 말의 자연현상을 재료로해가지고 순 학문적립장에서 고사정리(考査整理)하려고 하는 것으로서 오늘의 일반용법으로 말하면 언어학(言語學)분야에 속하는 것임니다。그리고 우리네가 문법이라고 말할 쎄는 주로 실용적문법을 가리키는 것임니다。

실용적문법은 국어를 바르게 말하고 바르게 쓰는것을 목적으로하는 것임니다。「바르게」라는 것은 일정한 표준을 정하고 그표준에 맛는것이라는 뜻임니다。따러서 실용적문법은 언어현상을 잇는 그대로 처리하는 것이 아니고 인위적취사선택(人爲的取捨選擇)에 의하여 정리된 준칙이 제서(提示)돼잇지아느면 안될것임니다。이준칙에 맛지안는 것이 잇스면 고처야할것이며 불완전한 것이 잇스면 보대야 하는 것임니다。이를페면 「가지고 오너라」라는 말모양이 요새 아이를 말에서 「갓고와라」로 씨임니다。그러나 표준어로서는 「갓고와라」가튼 변화된 말모양을 인정치아느닛가 실용적문법에서는 이것을 채용치아늠니다。이러케(갓고 와라) 학문적문법에서는 한 언어현상으로서의 연구대상이라할지타도 실용적문법에서는 제의하여 업새 버리는 것임니다。

三、말의 변화와 문법

말이라는 것은 쇠님업시 변화하는 것임니다。그러나 그 변화는 차츰차츰 생기는 것인고로 어느 정도에까지 가지아느면 우리네는 그 변화를 인식지 못하는 것임니다。인식 안한다고해서 변화가 진행안되고 잇는 것은 아넘니다。다만 우리네가 깨닷지 못하고、잇슬 싸름임니다。

이스(繼)→이으 쉬운(易)→쉬우

이 변화의 과정중에는 「스와 으」「부와 우」의 중간음이 무수하게 잇섯는데 그 중간음이 발음되고 잇슬 동안에는 그

이러나고 잇는 변화를 깨닷지 못하고 잇다가 정말 「아으」 「더우」로 뒷술에비로소 그 변화를 인식하게 되는 것

임니다。이것은 극히 간단한 단어의 변화하는 한 례임니다마는 문법적변화에 잇서서도 그경과는 마찬가지임니다。

이를테면 리조초기에 잇서서는 「하시더니」라는 말이 「거더시니」로 써엇섯는데 「더」와 「시」가 맛밧컷슴니다。이러한

변화도 결코 벼락간 생긴것은 아님니다。아러한 언어현상에서 한 법칙을 귀납시키려하면 법칙이

언어사실 (언어의 실제)보다 뒤써러저가지 아니치못합니다。왜냐하면 법칙은 움지기지 안는것이 움지기고 잇

기새문임니다。그런즉 문법이란 언어현상을 쏫차가는 것과 갓슴니다。움지기는 것을 움지기지 안는것이 뒤싸러

가는 것임니다。움지기지안는 것이 움지기는것에 뒤써러지는것은 엇절수 **업는** 일임니다。또 언어의 변화현상에

싸러서 문법 법칙에 변경을 가하려고 할새 그 새로운 변화현상이 부분적인 것이거나일시적인 것인 새는 이

것을 일반법칙으로 **채용해서 안될것임니다。**

갓고 와라(「가지고 오너라」의 요새말)

이말은 요새 확실이 널리 씨이고 잇슴니다。「가지고」가 「갓고」로 축음된것은 「부르지즈고」가 「부르짓고」로

이시고 「아소고」 잇고 (有하고) 「시므고↓심고」가튼 바침발생 일반 법칙에 의하는 것이며 쏘 「오너라」가 「와라」

로 변한것은 「본다↓봐라、쏜다↓쫘라」 「쏜다↓쫘라」 「봐서、쫘서、쫘시、와서 …」의 일반법칙에 맛는것인즉 「너

라」변격이 정격(正格)으로 도라가는 것임니다。그런즉 이변화는 일시적인 변화에 그치거나 부분적인데서 그

치저안코 점점발달돼 나갈것입니다。그러나 오늘날 현상으로 보면 아직도 정칙이라고 인정할 수 업스니 더

시기를 기나려서 이것을 표준어로 채택하는데 이르를것입니다。이래서 법칙은 더욱 뒤써러지는 것임니다。

어와가치 언어의 변화현상에 싸러서 한 법칙에서 다른법칙으로 문법을 개정할 무렵에는 그말은 벌서 재쌀리 그

다음 변화로 옴겨가는 것임니다。허지만 실용문법은 말의 목적을 원활하게 달성하기 위하여 된 것이닛가 언어사

실과 법칙과의 거리를 될수잇는 한 단축시켜야합니다. 그러면 엿던 이기에 새로생긴 법칙을 정칙으로 인정할것 인가? 이것은 사람들이 의론하여 정할일입니다. 인위적으로 선택하여 정하는 것이 잇는것이니 실용적 문법일지라도 자연 문법을 무시하는 것이 아닌것은 물론이지만 그 조직편성에는 나분이 인위가 가해져 잇는것이니 이러케해서 실용문법은 완성하는 것이라는것을 이저서 안됨니다.

四, 우리나라의 국문법

훈민정음이 처음 제정됏슬시대의 책을 살펴보면 그 철자법이 매우 정제하게 통일돼잇슴니다. 문법을 독립시켜서 말한 책이 업슬지라도 성문화되지 아는 문법이 결정돼 잇섯던것이 분명합니다.

그러나 훈민정음 사용이 학자들의 손을 써나서 서민의 전용물이 되고 또 학자들이 이것을 글로 대접하지 안케됨에 싸러서 아무런 준거(準據)도 업시 되는 대로 저거 왓고 되는 대로 말하여 왓슴니다. 이리하여 문법 업시 글을 쓰는 멧백년이 흘럿슴니다.

그러다가 갑오년 개혁을 계기로 국문에 대한 갑작스런 자각이 싹트고 이에 싸러 국문철자법에 一대 변동 이 시작됏스니 주시경이라는 국문학자가 그 주동이 되엿슴니다. 이시대는 국문의 개량운동이 왕성하엿슬 국어문법의 터전을 만들기에 밧벗슬 써니 국문의 운명을 좌우하는 중요한 시기엿슴니다. 그런데 우리나라 모든 사정은 국문이나 문법연구에 국가적인 노력을 기우리기 어려워 드디어 국문과 문법은 주시경선생 혼자서 도마터 가지고 그 결정을 짓게쯤 됏섯던것입니다.

세계 모든나라의 문법력사를 보건대 문법연구가 어느 한사람의 학설로서 완성된것은 업슴니다. 일본만 보더라 도 천년잣가운 문법연구의 력사를 가지고 잇스며 최근 수백년 동안에는 갑자기 그 연구가 왕성하여 명치이전에

거의 틀을 만드럿던것임니다。그런데 그것은 그새 씨이던 구화(口話、입말)에 대한 연구가아니고 평안(平安時

代) 시대 즉 천오백년전 고어(古語·文語)에 대한 문법이엇던 것임니다。명치유신후 일어교육에 잇서서 새로

문법은 가르치려하엿슬쌔 우선 취할수잇첫던것이 고어문법이엇던 것임니다。그후 수십년 여러문법학자들이 연구

하엿지만 특별한 발견도 엽섯스니 오늘날에와서는 도리어 문법을 안배우는 경향으로 흐르고 잇슴니다。이는

실용가치엽는 고어문법이기쌔문이며 그러라고해서 현대어의 문법이란것이 학문할만한 가치잇는것이 되지못하기

쌔문임니다。

일본에도 현대어에 대한 문법은 충분한 조직편성을 보지못하고 쉐난학자가 나오기를 기다리고 잇슴니다。

회랍말과 로마말은 이미 주근 옛말임니다마는 그 문법은 열심이 공부되고 잇슴니다。고어를 연구아니치 못하

는 절실한 필요성이 잇기 쌔문 임니다。영문법은 로마 문법을 모방하여 적당이 해결해 노은 불완전한 문법

이라함니다。

무릇 문법은 고어를 연구하기 위하여 필요하고 외국어를 배우기 위하여 필요한것이지 자기나라 현대 입말

의 문법은 그 필요성이 심각하지 아는 것임니다。왜냐하면 현대 입말법은 어렷슬쌔부터 이미 잘 알고 잇는

것이기 쌔문에 문법을 싸로 배울 필요가 엽기 쌔문임니다。우리나라의 문법은 이제 막 쑤며지기 시작한것 인

임니다。그런만큼 힘써 배워야 비로소 알 수 잇는 문법이 될리는 엽는것임니다。외국문법을 참고하여 적당이

조직편성될것이로되 그것이 결코 어려운것이 될 리는 엽는것임니다。그런데 요새 우리나라 문법이라는 것은

천문가도 리해하기 어려울 정도로 어려우니、이상한 일임니다。그 어려운 문법을 배우면서「문법은 의례 어려

운 것이거니」쌩각하고 잇는 것이 우리나라 학도들인데 이는 근본적인 사고착오(思考錯誤)임니다。영문법이나

일문법이 어렵다면 그는 당연한 일이며 쏘 국어의 고어문법이 어렵다면 그것도 당연한 일이겟지만 우리

가 세살적부터 배워서 수십년 이겨온 현대국어의 문법이 새삼스럽게 어려울라치는 엽는것임니다。 그리고 국민

학교 一학년에서도 고급한 문법을 가르쳐야 비로소 철자법을 알게되니 이런 과상한일이 세계어느나라에 잇겟슴

닛가 「좋다」「싫지」「않흔다」를 一학년 학생에게 엇더케 가르쳐야할지 당황아니치 못합니다。 이런 문법은 어른

들도 리해하기어려울것이니 이래서 우리나라의 문맹퇴치 성인교육(文盲退治, 成人敎育)이 성금도못하고 잇는것

임니다。

문법을 배우는 목적은 보다 나은 살림을 하기 위하여서일 것임니다。 보다나은 살림이란 최소한도의 로력으

로써 최대의 행복을 누릴수 잇는 살림임니다。 문법을 조직편성하여 국민을 고통으로 쓰러넛는다면 그런문법은

잇서서 안될 문법임니다。

이쌔까지의 학자들—주시경선생이후의 모든 학자들이 연구한 국문법은 확실이 길을 잘못든 문법임니다。

왜 문법이 길을 잘못 드럿슬가?

문법이란 말의법이라는 뜻인데 文法이라고 쓰닛가 글(文)의 법인줄 아럿던것 갓슴니다。 즉 문법이란 음성

(말의 형석)의 법칙을 일컷는 것인데 글자(마춤법)의 법칙을 연구하는것인줄 아럿던모양임니다。 문법이란 이미

정해져잇는 움지길수잇는 말의 법칙을 연구하는것인데 철자법을 정해노코 말을 철자법에 마춰야하는줄 안모

양임니다。 말소리가 주체고 문자는 그것을 그리는 부호에 지나지 못하는 것인데 글자가 주체고 말소리가 그

의 짜르는것인줄 아럿던 모양임니다。 이는 우리가 항상 한자나 영자나 カナ를 통하여 학문한베서 생긴 착각

이엿슴니다。

다른 모든 나라에서의 철자법토론은 력사적 철법을 취하느냐 표음적철법을 취하느냐하는 두가지 주장의 싸

움임니다。 그런데 우리나라의 철자법론쟁은 그것과 전연 다른 것임니다。 한글마춤법통일안은 결코 력사적 철자

법이 아님니당 력사적 철자법두 안닌데 언문일치(言文一致)에 배반하는 철자법을 취하겠다고 하는 나라는 절대

로 엇슴니다。우리나라에만 잇는 피상한 주장임니다。

지금 언문(言文)을 완전이 일치시켜 보도 머지 아너서 글과 말초리가 맛지 안케 되는 것인데 오늘말에도

맛지안는 철자법을 취한다는 것은 다른나라사람은 상상도 하지못할 일임니다。

五 문법의 내용

문법의 문제는 다음 두부류로 나뉩니다。

一、품사론 Etymology

二、문장론 Syntax

품사론은 말의 분석적 연구니 글(文章)을 구성하는 성분 즉 명사는 엇던것 동사는 약차한것이라는 싸위 한

발한말의 성질을 연구하는 부문임니다。

문장론이란 말(얘기)의 종합적 연구니 글을 구성하는데 잇서서 말과 말이 엇더한 관계를 가지고 결합돼 잇는

가 연구하는 부문임니다。이를테면 말과 말이 임자(主)와 부리(述)관계로 결합돼 잇는가 쏘는 쑤며주고(修飾)쑤

밈밧는(被修飾)관계로 결합돼 잇는가 싸위의 사실을 연구하는 부문임니다。

〔문 제〕

1、문법이란 무엇인가。

2、국문법이란 무엇인가。

3、학문적 문법과 실용적문법은 엇더케 다른가。

4, 실용적 문법을개정하게 되는 리유는 무엇인가。

5, 「한글 철자법 통일안」의 래력을 말하라。

6, 「한글 통일안」과 구철자법과의 두가지 큰 차이를 말하라。

7, 「한글 통일안」의 장점은 무엇이며 단점은 무엇인가。

8, 「한글 통일안」의 근본적 차오는 무엇 무엇인가。

9, 훈민정음원본의 바침규정을 말하라。

10, 품사론과 문장론의 다름을 말하라。

11, 국문법의 목적을 말하라。

제二장 단 어

一、단어와 숙어

단어(單語、낫말)란 말의 가장 자근 단위(最小單位)를 일컷는 것임니다。가장 자근단위란 말하는바 잇서서 독립성을 가질수잇는 가장자근 한도를 뜻함니다。즉「조」「말」(명사)「머그」「안즈」(동사)「기르」(長)「저그」(少)(형용사)「을」「은」「다」(로)가른 것은 모두 단어임니다。다음에「독립성」이라는 것에 대하여 생각해 보겟음니다。

·도둑눔의지팽이(盜賊의杖)」이라는 뜻이아니고 藥草「苦蔘」의(俗名)

이 말은 아것으로써 한덩어의 말이니 「도둑」눔」의」「지팽이」베말 사이에 다른 말을 쩌너치 못함니다。다른 말

을 쎠 너으면 「고삼풀」의 뜻이 업서지고 맘니다。즉 「도둑놈의지팽이」는 분명이 네 말로 돼 잇는 말이지만

이 네말은 인제는 셔러질수 업는 한 단어(單語)로 노가 이거 벼렷습니다。

미친 놈의 지팽이

아「미친 놈의 지팽이」는 얼른 보면 「도둑놈의지팽이」와 다름이 업는것 갓지만 이것은 한단어가 아님니다。

「미친、ㄴ、놈、의、재팽이」 다섯 단어의 이은말(連語)임니다。즉 이 다섯말 사이에는 다른 말을 쎠너어도 쎠

너으면 쎠너은 말 만큼 뜻이 부를 싸름이고 다섯 단어의 뜻이 근본적으로 변하지 안습니다。이를테면

「미쳐」「잣바진」「놈」들 「의」 「놈」들의 「지팽이」(「미친」은 「미치」의 활용형)와 가치 「잣바진」 「벌

거」「버스」「들」「대」가튼 여러 말을 사이에 쎠 너어도 「미친」「ㄴ」「놈」 「의」「재팽이」다섯단어의 뜻

이 근본적으로 변하지 안습니다。이것은 이 다섯말이 모두 각각 독립성을 가지고 한말로 노가익지 아넛기쎄

문임니다。요컨대 말과 말 사이에 다른 말을 쎠 너을 수 잇는 것은 그 한말 한말이 셔러지는 성질(遊離

性)과 싸로서는 성질(獨立性)을 가지고 잇기 쎄문임니다。이와가치 분리할수잇고 독립할수잇는것은 그 것을 하나

하나의 단어로 보는 것임니다。그리고 둘이상의 단어가 아주 노가이거서 분리할수 업게된 말을 숙어(熟語)라

고 하는비 숙어도 한 단어로 보는 것임니다。

「하루사리」「소나무」「삽쌀개」「한사람」「백두산」「경기도」「활발」「명랑」

가른말은 한 숙어이며 또 한 단어임니다。

그런비 한글마춤법 통일안에서는 「백두산」「경기도」가른것을 한 단어로 보지안코 또「소다」「크다」「작다」가튼말을 한단어라하며 「크시겟지요」「작겟서요」가른 것도 한 단어

한 단어라하기도하고 (李熙昇)「크다」「작다」가른말을 한단어라하며 「크시겟지요」「작겟서요」가른 것도 한 단어

라하여 단어의 정의를 확실이 하지 안코 잇습니다。내가 보기에는

「백두산、경기도、한강」가른말은 각각한단어요、

「소다、개다、쥐다」가른 말은 두단어의 이은 말이오、

「크다、작다、멀다」가른말도「크、작、멀」이라는 실어에「다」라는

「크시겠지요、작겠서요」는「크」「작」이라는 실어에 여러개의 조어가 부튼 두단어의 이은 말이며、「작

겠서요」「잡수셨습니다」가른것을 부착이 아니고 활용(活用)이라고 본다면 국어를 부착어라하지말고 활용어(活

用語) 즉 굴절어(屈折語)라해야 할것임니다。

二、련　어

둘 이상의 단어가 엇더한 관계를 가지고 결합하여 단어보다 복잡한 관념을 나타내는 것을 련어(連語)―이

은 말―라고 함니다。다만 련어는 한명제(命題)를 나타내지는 못함니다。

단어가 모여서 련어를 만들 세는 그 련속관계에 다음 세가지가 잇습니다。

（一） 대등적결합(對等的結合)

경기·충청·전라·경상。

쌀과 보리。

山밋江。

노래하며、춤춘다。

원통하고、어굴하고、분하고、슬프고、귀찬타。

위의 열줄 그은 말은 제각각 대등(對等)하게 느러서서 한덩이가 된 련어임니다。그래서 병렬적련어(並列的

連語) 라고도함니다。

(二) 수식적련어(修飾的連語)

노픈 상

즐거운 우리들。

잘 한다。

펴 출다。

위 엽줄 그은 말중, 웃말은 아랫말은 수석하고잇슴니다。이러한 련결을 수석적련결이라고함니다。

(三) 종속적련어(從屬的連語)

소。

말 임니다。

먹 겟슴니다。

인쳬 시세 요。

위의 엽줄그은 말중, 아랫말들은 관념을 나타내지 못하는 「토」들이니 웃말에 종속(從屬)하여 뜻을 가춤니

다。이러한 련결을 종속적련결이라함니다。

三、 글 월

둘 이상의 단어가 결합하여 한 명제(命題)를 형성(形成)할 쌔 이것을 글월(文章) 또는 글(文) 이라고함

너다。

키가 크다。　(무엇이 엇더하다)

해가 쯘다。　(무엇이 엇더케한다)

사람이 동물이다。　(무엇이 무엇이다)

이런 말은 명제(命題)의 제목(題目)이 되는 말과 그것을 푸러(敍述)주는 말과가 결합돼잇는 것이니 이런 결합을 주술적결합(主述的結合)이라고 합니다。

단어의 결합이 대등적, 수식적, 종속적인 동안에는 이것을 련어라고 부르지만, 주술적관계를 매즘에이르러서 이것을 글월이라고 일컷는 것입니다。

四、 품　사

단어는 그 형태、뜻、직능에 짜러서 몃개의 무리로 분류할 수 잇슴니다。그 하나하나를 품사라고 함니다。국어의 품사분류는 학자에 짜러서 구구합니다마는 다음 九품사로 나누는 것이 적당하다고 생각합니다。

실어(實語) 八품사…명사、수사、대명사、동사、형용사、**부사、**접속사、감탄사。

조어(助語) 一품사…로

五、 형태 뜻 직능

단어의 형태와 뜻과 직능은 품사를 분류하는 세가지 중요한 기준임니다。이 세가지를 조사해서 종합판단하여 품사를 분류하는 것임니다。

이 세가지 중에서도 품사분류의 첫재기준은 형태임니다。왜냐하면 문법은 형태의 학문(形態의 學問)이기 때문

임니다。문법에서는 도덕이라든가 수리(數理)가른 문제는 까지지 안슴니다。즉 글이 나타내는 내용의 올코 그

른것은 일체 관체치안슴니다。이를테면

사람은 식물성이다。(人은 植物性이다)

라는 명제가 잇스면 문법상에는 틀림이 업슴니다。그러나

사람는 동물성다。(人는 動物性다)

로의 형태(形態)가 맛지아느닛가 문법상으로는 틀림니다。

그러나 국어의 형태는 완전치못함니다。이를테면

（1）

소는。크다……이새의「는」은 선택격의 자리토(格助詞)「은」쏘는「ㄴ」으로 될새가잇슴

―는―자는。사람……이새의「는」은 현재진행을 겸한 련체토、언제든지「는」임、형용사에는 안씨임。

―는―자는。밥을 먹는다……현재진행의 지정토(指定토)「ㄴ다」로 될새가잇슴、형용사에는 안씨임。

（2） 어름물을 먹는나

빙수를 먹는다

「을」과「를」은형태는 다르지만 뜻과 직능은 가틈。「물」은「ㄹ」로 줄기도함。

（3） 잠은 잔다……「ㄴ」은 현재진행형토인데「ㄴ다」를 한 단어로 봄이 가함。바침 말에서는「는다」가됨

잠잔 사람……이새의「ㄴ」은 과거완료의 뜻을 겸한 련체토(連體토)나 바침되는말에 잇서서도 형태가

번하지아늠、그런데 이말(ㄴ)이 형용사에 부틀새는 과거완료의 뜻이 내포되지아늠 례

「엿븐 얼굴」「불근 치마」

八三

(1) 의 「는」은 형태는 쪽갓건만 뜻이나 직능에 차이가 잇고 (2) 의 「을」「를」은 형태는 나르지만 뜻과

직능은 일반이며 (3) 의 「ㄴ」에 이르러서는 형태가 갓건만 (1)의 「는」(또는 「은」)과 아울러 생각할새 자못 어

수선합니다。만약 국어의형태가 완전하엿더라면 「는」「을」「를」「ㄴ」가튼말이 제각각 한가지 뜻과 한가지 직

능을 지니고 잇서야 할것이며 한가지 경우에는 한가지 형태만이 씨어야 할 것입니다。

문법은 본래 형태의 학문인 고로 품사의 분류표준은 오로지 형태에 의거해야 할 것입니다마는 위에서 잘

펴 본 바와가치 형태가 완전치 못한 짜닥에 다음으로 뜻을 고려하여 품사를 가르는 것입니다。품사분류에 잇

서서 뜻이라고하는것은 사전에 해석해 노은 낫말의 특수한 뜻을 가리키는 것이 아니고 「안즈」는 움지김(動作)

을 나타낸다든가 「밧브」는 상태를나타낸다든가 하는 문법상의 뜻――일반적 뜻을 가리키는 것입니다。

국어의 동사와 형용사는 그 형태나 직능이 거의 갓슴니다。그래서 국어에는 형용사가 업다고 론하는 학자

도 잇슴니다。그러나 뜻에 잇서서 확연한 차이가 잇는 고로 역시 둘로 분류하는 것이 맛당할 것입니다。

그런비 형태와 뜻에 잇서서 다름이 업는 다음과 가튼례

참 크다。……(一)

「참」 은 국어다…(二)

룰 보면(一)의참은 부사로서 아래 말을 수식하는 직능을 가졋스며 (二)의참은 이 글의 임자말(主語)이니 명사。

에 너어 생각해야 합니다。즉(一)(二)의 「참」은 형태와 뜻에는 다름이 업고 직능(職能)―구실―에만 다름이

잇슴니다。그래서 직능을 고려하고 품사를 말할 새가 잇는 것입니다。다시 말하거니와 품사 분류는 형태・

뜻・직능의 서로 가른 단어를 묵는 것입니다。그런즉 「이」라는 단 한개의 단어 (단어라고 보기조차 문제되

는 말) 를위하여 자봄씨(指定詞)라는 품사를 또하나 세운다든가 「잇스」「업스」두 단어를 위하여 존재사 (存在

詞) 라는 품사를 새로 세운다든가 하는 것은 지나친 생각임니다。 이러케 싸지고 보면 동사속에도 형태변화가

갓지아는 것이 얼마든지 잇스닛가 그런것도 모두 하나하나의 품사로 별립시켜야할것임니다。

다음에 각 품사에 대하여 대강 그 특성을 설명하고자 하는데 근간적인 전체 파악을 쉽게하기위하여 되도

록 종합적인 무리를 하여 보겟습니다。지엽적인 세세한 설명은 하지안켓습니다。

【문제】

1、 단어의 정의를 쓰라。

2、 「한글 통일안」의 단어 구분의 차오를 말하라。

3、 다음 글월을 단어별로 쎄 쓰고 십어와 조어로 분간하라

(1) 사람이밥을머그오。

(2) 금강산은한국의명산이다。

4、「머그」「머거」「머기」「머겨」「머키」「머켜」를 한개의 단어로보는 싸닥 즉「먹으」「먹어」「먹이」

「먹이어」「먹히」「먹히어」로 보지 안는 싸닥을 말하라。

5、 련어란 무엇인가。

6、 련어와 글월과의 차이를 말하라。

7、 품사란 무엇인가。

8、 품사 분류의 세가지 조건을 말하라。

9、 「문법은 형태의 학문이라」하는데 엇더한 뜻인가。

제三장 명사 수사 대명사

一, 형태, 직능

명사 수사 대명사에는 어미활용이 업는 것이 원칙임니다. 즉 문법적 형태가 업슴니다. 그래서 이 세 품사를 체언(體言)이라고 함니다. 어미가 변화하는 용언(用言)에 대하여 불리는 말임니다.

그리고 명사 수사 대명사는 직능에도 거의 다름이 업슴니다. 그런즉 품사를 서로 나누지 아너도 무관하기도 함니다. 그래서 이 셋을 명사에 통합하여 론하는 학자도 잇슴니다.

二, 뜻

명사와 수사와 대명사는 그 뜻에 잇서서 큰 다름이 잇슴니다.

명사는 사물(事物)의 이름을 나타내는 품사로서 그 사물의 개념이 일정해 잇서야함니다. 이를테면 「사람」이라는 명사는 「사람」이외에의 것에는 부르지 못함니다. 그런데 「하나」라든가 「당신」가튼 수사나 대명사는 그러치 안슴니다. 그래서 명사를 실질체언(實質體言)이라하고 수사·대명사를 형식체언이라고 하는 것임니다.

【문제】

1, 체언(體言)이란 무엇인가。
2, 용언(用言)이란 무엇인가。
3, 체언과 용언의 차이를 말하라。
4, 엇더한 품사가 체언에 속하는가。
5, 엇더한 품사가 용언에 속하는가。

제四장 동사와 형용사

一、형태

동사와 형용사의 문법상 현저한 특색은 소위 활용이라고 일컷는 어미변화의 현상임니다。

동사와 형용사는 어미활용 Conjugation 에 의하여 문법적 뜻을 나타내며 쏘 토와의 결합관계가 정해짐니다。

여기서 필자가 말하는 어미활용이란 한글마춤법통일안에서 말하는 어미활용과 그 내용이 크게 나름니다。즉

통일안에서는 ─그리고 티회승씨는

크냐 크다 클가 크겟지…형용사

죽느냐 죽는다 주글가 죽겟지…동사

소냐 소다 솔가 소겟지…명사 (리히승문법에서만)

하냐냐 하나다 하날가 하나겟지…수사 (리히승문법에서만)

누구냐 나다 나냐 너다…대명사 (리히승문법엔에서만)

가튼 토가 갈려 붓는 것을 어미활용이라고 하지만 필자가 말하는 어미활용이란─일어(日語)문법에서도 그러코

영어문법에서도 그러함〕단어의 어미가 변하는것을 가리키는 것이니

머그 머거 머기 머겨 먹

가튼 말은 「머그」라는 동사의 여러가지 활용된 어형이고 「밧브 밧버 밧비」

가튼 말은 「밧브」라는 형용사의 여러가지 활용형임니다。그런즉 「밧브므니다」「밧버서서요」가튼 토의 첨가싸지를

모두 활용이라고 하는 현행문법과는 아주 의미가 다릅니다. 활용에대한 자세한 설명은 하편에서 말하겠슴니다.

동사와 형용사의 어미 활용 형태는 거의다름이 업슴니다마는 「토」에잇서서한가지 큰 다름이 잇슴니고.

동사에는 현재진행(現在進行)의토인 「는」(바침 업는 말에는 ㄴ)이붓지만 형용사에는 이 「토」가 붓지 못합니다. 이

를테면 동사에는

　　밥을 먹는다　（바침 업는 말에는 ㄴ…잠을잔다）

　　밥을 먹는구나　（바침 업는 말에도 마찬가지…자는구나）

　　밥을 먹는사람　（바침 업는 말에도 마찬가지…자는사람）

와가치 「는」 「ㄴ다」 「ㄴ다」가 씨이자만 형용사 에는 이 「토」가 씨이지 안슴니다. 즉 다음과 갓슴니다.

　　키가 작다　（바침 업는말에도 마찬가지…일이밧브다）

　　키가 작구나　（바침 업는말에도 마찬가지…일이밧브구나）

　　키가 자군 사람　（ㄴ은 현체조사지 현재 진행토도아니오 과거완료토도아님. 바침업는 말에드 마찬가지）

「ㄴ」과 「ㄴ」은 싸다로운 토임니다. 「잠을 잔다」의ㄴ은 현재진행형의 토로서 바침 업는 동사에만 씨이고 「잠잔 사람」의ㄴ은 현재진행형의 토로서 동사, 형용사에 다 씨이며 바침이잇는말에나 업는말에나 그대로씨이는데 동

사에 부트면 과거완료의 뜻을 갖지만 형용사에 부틀쌔는 그 뜻이 업서집니다. 즉

현재진행형은 동사에만잇고 형용사에는 업슴니다. 현재진행의 섀매김이 잇고 업고에 싸러서 동사와 형용사의 분

간이 생긴다면 「업스」(無)잇스(有)는 형용사에 너어야 할것입니다. 「돈이 잇다。돈이 업다。」

와가치 씨이고 「돈이 잇는다」 「돈이 업는다」로 씨이지 안키쌔문이며 「돈잇는 사람」 「돈업는 사람」의 「는」은

니 다른 형용사와다르기도함。 일어에서는 有ル는동사 無シ는 형용사에 속하니 활용형(즉형태)에 의하여분류한것임)

二、 뜻

동사와 형용사는 뜻에 잇서서 현저한 차이가 잇슴니다。동사는 움지기는 동작이나 변화하는 것을 나타내는 말들

이니 움지긴다든가 변한다는것은 시간을 싸러서 달러지는 것임니다。그래서 동사에는새를 나타내는 토가 붓슴니다。싸러서

형용사는 사물의 성질、모양、유무(有無)가튼 것을 나타내는 말이니 초시간적인 표현을 할수잇슴니다。싸러서

가튼 말이라도 다음과가치

키가 크다…「ㄱ다」는 형용사의 련어

키가 큰다…「큰다」는 동사의 련어

집안이 淸潔하다…이쌔의 淸潔은 형용사

집안을 淸潔한다…이쌔의 淸潔은 동사

가튼말이 형용사가 되기도 하고 동사가 되기도 함니다。(요새文法에서는 「淸潔」가튼말에 「ㅎ」를 부처가지고

「청결하」까지를 한 단어로 보고 잇스나 이는 과상한 관찰임。본대 중국어에는 명사、동사、형용사、부사등의

쑥 구별이 형태에 잇지안코 문장의 자리에 의하여 구별되는 것임。싸러서 한자숙어는 쑥 가튼 말이 명사도 될

수 잇고 동사도 될수잇고 형용사나 부사도 될 수 잇는것임。

요컨대 가튼 용언이라도 그것을 류동적(流動的)으로표현하면 동사가 되고 고정적(固定的)으로 표현하면 형용사

가 되는 것임니다。 그런즉 「먹다」「안는다」 가튼말을 「먹다」「안다」(쏘는 「앉다」)로 표현하면 형용사가 되는 것

임니다。「먹나」「안다」가튼 말을 동사의기본형(基本形、不定形)으로 관찰하는 현행문법은 잘못된문법임니다。

三、직 능

동사나 형용사는 주어(主語)에는 씨이지 안코 술어(述語)에만 씨이는 것이 원칙이며 다음과 가치 수식어로

도 씨임니다。

(一) 부사적 수식어(連用形)

머거。 보자。 써 버려라。 불거。 간다。 굴어。

다거。 온다。 부셔 엽샌다。 깃버 죽겠다。

(二) 관형사적수식어(連體形)

동사…밥머근 사람(過去) 밥머는。 사람(現在) 밥머글。 사람(未來)

형용사…른。 나무(ㄴ)은 색를나타내지 못함。 ㄴ에 과거완료의 뜻을 주면 「크」라는 말이 동사가 됨)

빗불。 색(ㄹ)은 未來를 나타내지 못함。 ㄹ에 未來의 뜻을 주면 동사화됨)

부사적 수식어는 로를 부치지안코 나즘모음 활용형(低母音形)으로써 되고 형용사적 수식어엔는 런체로가 부름니다。

〔문 제〕

1、동사와 형용사의 형태의 다름을 론하라。

2、「업스」「잇스」를 형용사에 넛는 까닭을 말하라。

3、「소나」「소다」가른 말의「냐」나「다」를어미(語尾)라고 하는 것이 올치 아는 까닭을 말하라。

4、「크나」「크다」「크고」「크지」가른 변화를 어미활용(語尾活用)이라고 하는 「한글통일안」의 잘못을 말하라。

5、어건 (語幹)과 어미(語尾)를 실레를드러서 설명하라。

6、어미(語尾)와 토와의 차이를 실레를 드러서 설명하라。

제五장 부사

一、정의

●아주 이러버렷다…동사 위
●어서 갑시다……〃
●퍽 춥다。매우 밧브다…형용사 위
●마니 잇다 쏙 업슬가…〃
●쌜리 가자…부사 위

위의 엽점 씩근 말과 가치 아래에 잇는 동사나 형용사나 부사의 뜻을 한정(限定)하는 말을 부사라고 합니다。

二、형태

부사는 실어(實語)로서 어형변화가 업슴니다。이 점으론 체언과 다른 바가 업스니 그래서 접속사•감탄사와 함께 준체언(準體言)이라고하기도 합니다。그러나 체언과 부사사이에는 직능상에 뚜렷한 다름이 잇슴니다。부사에는 다른품사로부터 전성(轉成)된것이 만슴니다。즉 체언은 글의 주어(主語)가 될수잇지만 부사는 글의 주어가되지 못합니다。「노피 울려라」「쌜리 가자」「기리 빗내자」가튼말이 그렷슴니다。

三、직능

부사는 사물의 동작 상태 성질을 수식 한정합니다。즉 용언을 수식한정하며 쏘 다른 부사를 수식 한정합니다。쏘

래년에는 썩• 풍년이 든다。

영영 재수가 업다。

와 가치 련어나 글을 수식 한정하기도하니 요컨대 부사는 용언이거나 용언을 포함한 구(句)를 수식 한정하

는 것이 그 직능임니다。

三、「관형사」라는것

요새 문법책을보면 체언을 수식 한 다음과 가튼 말을

날고기 풋나물……(一)

한사람 두달 서말……(二)

이집 저동리 그새……(三)

노픈 산、기픈 물……(四)

「관형사」라고 해서 한종류의 픔사를 새로 세운 책이 마는데 이러케하면 수사•대명사•형용사•부사 가튼

것과의 구별이 혼란스러워져서 신통치 안습니다。 그런즉 위의 (一)의 경우의 말싸위는 접두어(接頭語)라고나

할정도로 해 두고 「날고기」 「풋나물」을 한 단어로 볼 것이며 (부사나 형용사의 변한것)(二)의 경우인 새는

이것을 그대로 수사(數詞)로볼것이니 「한사람」「두달」「서말」의 「사람•달•말」은 조수사(助數詞)로서 위의 「한•

두•세」라는 실수사(實數詞)를 돕는것이라고 보고 실수사와 조수사를 어울러서 한 숙어(熟語)로보며 (三)의 경

우는 대명사 (四)의 경우는 수식어(형용사)로 보는것이 조을가 합니다。

우탈• 알타이어족은 관사(冠詞)가 업는것이 특색이라고합니다。 일어문법에서도 관사를 말하는 일은업슴니다。

九二

1、 부사를 례시하라。

2、 부사의 직능을 말하라。

3、 「관형사」라는 것은 엇더한 것인가

4、 「관형사」를 두치안는까닥을 말하라。

제六장 접속사와 감탄사

一、정 의

「책이 잇고 또 공책이 잇다」「비가 온다。그래서 우산을 밧고 간다。그러나 옷이 마니 저젓다」

위의 「또」「그래서」「그러나」처럼 아래위의 말이나 글을 접속(接續)시키는 직능을 가진 말들을 접속사라고 함니다。

「아이구 큰일낫네。얼시구 조타。응응 안돼。얘 이리오너라。네 가지오。여보 무슨 말을 그러케 하시오。

위의점씨근 말가른 감동의 뜻이나 부르고 대답하는 말들을 감탄사라고 함니다。

(위에서 본 바와 가치 감탄사와 접속사는 아무 관계도 업는 것임니다。아무관계도 업는 것을 한장(同章)에 서론하는 것은 다만 지면을 절약하고자하는 의도에서 임니다。)

二、형태와 직능

감탄사와 접속사는 형태의 변화가 업는 실어 임니다。즉 준체언임니다。

감탄사와 접속사는 글월을 이루는데 잇서서 글월과 직접 기픈 관계를 가지지안는 말들입니다。 즉 감탄사와 접속사는 글의 주성분(主成分)도 아니오 부성분(副成分)도 아니오 글월과는 아주 가벼운 관계를 갓는 특수성분(特殊成分)임니다。더구나 감탄사는 그득립성아 강하여 글월의 성분에서 제외하는 것이 오히려 타당한 것임니다。감탄사는 단어(單語)라기 보다 그말 하나로 글월을 이루는 문장어(文章語Sentence-Word)라고 함이 가하다고도 생각 됨니다。

〔문제〕

1、 접속사를 례시하라。

2、 감탄사를 례시 하라。

제七장 도

一、정 의

사람이 밥을 머그오。

사람이 밥을 머기오。

노프ㄴ산이 소사 잇소。

청산도 절로절로 록수도。 절로절로 산 절로절로 수 산수간에 나도절로절로 그 중에 절로자라ㄴ몸이。

너늑기도 절로절로 하리라。

위의 점쳐근 말처럼 실질관념을 나타내지못하고 실어(實語)에 싸러부터서 그것을 돕는 것으로 자기의 문법

적용법을 단하는 말을 「로」라고합니다。일어문법에서는 토를 조사(助詞)와 조동사(助動詞)로 나눠서 론하는데

조동사탐 어미가 활용하는 조어(助語)입니다。그런데 구어의 조어에는 활용하는것이 몃개 안되고 활용형도 단순

하기에 싸로 나누지 아녓슴니다。

「토」는 형식어(形式語•助語•虛辭)입니다。독립해서 글의성분을 이루지 못하고 반드시 다른말 아래에 부되서

그말과 다른말과의관계를 나타내거나 그말에 일정한 뜻을 부치거나하는 직능을 함니다。

「로」는 국어의 가장 큰 특색으로서 토에 대한 연구야 말로 국문법의 큰 과재임니다。이째까지의 학자들이

가장 고심한 것이 「토」에대한 연구엿슴니다。좀더 갈래를 잘게 가르고 계통과 조직을 알기쉽게하려고 무한노

력하엿슴니다。그러나 아직도 이러타할 명안이 엽슴니다。그래서 필자는 크게 「토」로 뭇거두는비 그치고 압날

의 연구를 기다림니다。다만 학자에 싸러서 「토」를「토」가 아니라가도 하고 「토」아닌것을「토」라기도 하기

에 약간발켜 두겟슴니다。

머그 머거 안즈 안저

가른말을

먹으 먹어 앉으 앉아

라고쓰고「으」「어」(아)를「로」라고 생각하는것은 잘못임니다。이런것은 실어(觀念語)의 어미(語尾)임니다。

가른 단어의 꼿 모음인「ㅣ」「ㅓ」(ㅏ)는「로」가 아니며 이 말에서「으」「어」(아)를 싸로 분리하는 것은

잘못임니다。다음으로

머간다。머킨다。안진뱅이를 안친다。

가른 말을

먹인다。먹힌다。앉인뱅이른 앉힌다。

와 가치 쓰고「이」나「히」른「토」라기도하고 보초어간이라기도하고 조용사(助用辭)라기도하는데 이 새의「이」

나「히」는 실어에서 분리할수업는 것인즉 ——사이에 다른말을 써너을 수 업슨즉——독립된조어가 아니고 웃

말의 어미(語尾)임니다。나음으로 크다。크도다。크겟다。컷첫다。

가른말의「나」「도나」「겟나」「ㅅ첫다」가른것을 어미(語尾)라고 하는것이 큰 잘못임니다。이런것은 다「토」임

니다。실어에서 분리독립되는 조어임니다。그리고

소다。말아다。송아지울시다。

가른 새의「다」「이다」「울시다」싸위도「토」임니다。이것을 어미(語尾)라고 하는것은 더욱 잘못임니다。

二、단음어

토에는 한음절을 이루지못하는 단음어(單音語)가 곳 만슴니다。

나。실타。나른 보고

지나가ㄴ 사람。지가가ㄹ 사람。지나가ㅅ다。노프ㄴ 산。

孔子ㅣ 가라사대。

출입을 금하ㅁ。출입을 금하시오ㅂ。

ㅅ과 ㄹ과 ㄴ 온 이른바 설삼종성(舌三終聲)인데 단음의 토로서 빈번이 그리고 여러가지 뜻으로 교묘하게 씨임니다。

교묘하라기 보나 복삽하게 씨임니다.

잠자ㄴ다(現在)—잠자ㅅ다(過去)—잠자ㄹ사람(未來)。
노프ㄴ산(無時連體) 잠자ㄴ사람
잠자ㄴ사람(過去完了의連體)
잠자ㄹ쌔(未來도 아님)

三、갈리는 토

토에는 웃말에 바침이 잇고 업슴에 싸러서 형태가 변하는 것이 잇슴니다。그레

소가●　가오
말이　가오　소는
가오　말은　소를
크오　말을　소오
크오　말과　소와
잡소　잡소　말과　소
말이나●　소나
개나　개나

손　발　코
으모●　모●　로●

이것을 보고 용언에도 바침 잇고 업고에 싸러서「로」가 갈린다고 類推하는 것 즉

먹으　자×오
먹으면　자×면
먹으니　자×니
먹으나　자×나
먹으ㅁ니다　자×ㅁ니다
먹으ㅂ시다　자×ㅂ시다

와 가치 생각하는 것은 잘못입니다.

자서　먹어서
자라　먹어라
자도　먹어도
자요　먹어요
자보자　먹어보자

와 가치 생각하는 것도 잘못입니다.「먹으」「먹어」가 아니고「머그」「머거」니「으」「어」는「토」가 아니고 실

어(實語)의 어미(語尾)입니다。즉 용언의「로」에는 웃말의 바침 유무에 싸라서 갈리는 로가 업습니다。다음과 가

차한가지 로가 씨이는 것임니다。

자·오　　자·오
머그·오　머그·오
자·면　　자·너
머그·면　머그·너
자·라　　자ㅁ·나다
머그·라　머그ㅁ·나다
자·서　　자ㅂ·시다
머거·서　머그ㅂ·시다
자·도　　자ㅂ·다다
머거·도　머그ㅂ·다다
자겨·서　재·오
머겨·서　재·오
자겨·도　재·오
머겨·도　재·오
자겨·요　재ㅅ·다
머겨·요　재ㅅ·다
자겨·즈다　재ㅅ·다
머겨·즈다　머기·면

四、「자봄씨」라는것

사람이다。　사람이면。　사람인데　사람일지라도　사람일가
靑山이다。　靑山이면　　靑山인데　靑山일지라도　靑山일가
綠水아니다〕　綠水아니면〕　綠水인데〕　綠水일지라도〕　綠水일가〕
　　　　　　　　　　　　（綠水ㄴ데）（綠水인데）（綠水ㄴ데）（綠水ㄹ가）

위와 가튼 말에 씨이는 「이」를 토가 아니라고 관찰한 것은 박승빈씨로부터 비롯한 독특한 생각임니다。최현
배씨도 아 학설을 싸러서 「이」를 동사·형용사와 자격이가튼 용언(用言)의 하나라고 푸럿스며 체언이 술어로
씨일색는 반드시 「이」의힘을 비는것아라고 관찰하엿슴니다。그래서

소다、개다、취다、코다、나라다、소냐、개냐、취냐
소이다、개이다、취이다、코이다、소이냐、개이냐、취이냐

가론 용법은 쇠퇴한 말이고
가론 문법적으로 정상한 말아라고 하엿슴니다。그러나 나는 이에 찬성 할 수 업슴니다。

소이냐 소이다 개이냐 개이다

가론 용법은 잘못된 형태 즉 문법적으로 틀린 말루며

綠水인데 綠水일지라도

가론 용법도

綠水ㄴ데 綠水ㄴ지라도

가 성작어고 「이」를 삽입하는 것은 한자(漢字)에 바침토를 부치는 것이 이상하넷가ー한자는 고립성이 강하여

어형은 변치못하는 것임ー록순태×록슬지라도라고 하는것이 무렵스러워서 「이」라는 토(吐音)를 차용(借用)한것이

라고 보니 잇슴니다。「이」를 리해하려면

隔童이가 隔童이는 隔童이를 隔童이와

와 가론 바침잇는 사람이름(人名)아래에 붙는 「이」의 래력을 생각마는것이 조온 지혜은 쓰러낼 것입니다。「가」

「ㄴ」「ㄹ」가론 토는 바침업는 명사아래에만 씨이고 바침잇는 명사아래에는 안 씨이는 토임니다。즉

소가 (소는 소를 소와
말이 (말은 말을 …와 가치되는 것인비

사람이름인 세는 압엔 쓴 것 갓습니다。

또 갈라지안는 토위 대서도 사람이름(바침잇는)만은 록수하게 씨아니당음과 갓슴니다。

복동이도 복동이하고 복동이에게 복동이에게 복동이
말도 말하고 말에게 말에게 말
소도 소하고 소에게 소에게 소
만 만 만

그런즉 이런 새의 「이」는 토가 아니고 조음(調音)이라고 보는것이 타당할것임니다。 이것은 꿤어코 국어가 개음절

어엿던데서 생겨난 접미(接尾) 일것이니 ink를 インキ 쩐(錢)을 ゼニ 양(羊)을 ヤギ 란(蘭)ラ 문(紋)을

「무니」라고 고처말한 그 조어법에 통하는 것일것임니다。

그러면 다음의 경우의 「이」는?

福童아다 福童이면 福童인데 福童일지라도 福童일가。

이말은 다음과 가치 말할수도 잇슴니다。

福童이다 福童이면 福童인데 福童이일지라도 福童이일가……(一)

(一) 이 정작이냐 (二)가 정작이냐

(二) 이 정작이라면 「이」는 조음이냐 토냐。

나의 생각에 의하면 「이」는 본시 조음으로 씨이던 것인데 차차 발전하여 「토」처럼 인식하게 된것임니다。

즉 처음에는

馬=마리。 마리냐。 마리。→마ㄹ→마ㄹ은→말은。

山=사니。 사니다。 사니라가→산 일가

와가치 발전 된 것이라고 생각됨니다。

〔문 제〕

1、 웃말에 바침이 잇고 업슴에 따러서 달버지는 토를 례시하라。

2、 「자봄씨」의 내력을 말하고 비판을 가하라。

제 八 장 글월과 그 성분

一、글 월

글월이란 둘 이상의 단어가 결합하여 한 명제를 나타내는 것을 일컷는것임니다。둘이 상의 단어가 련결하는 데는 대등적결합、수식적결합、종속적결합과 주술적결합(主述的結合)의 네가지 경우가 잇는데 글월이라고 일컷 게 되려면 반드시 주술적 결합을 가져야함니다。즉

무엇이 엇더케한다…바람이 분다。

무엇이 엇더타……바람이 차다。

무엇이 무엇이다……바람이 공기다。

의 형식으로 돼 잇서야함니다。즉 글월은 한명제의 제목을 나타내는 관념어와 그것을 시술하는 관념어의 결합이 아니면 안됨니다。그러나 국어의 실제에 잇서서는 주어가 생략되는 일이 만습니다。

밥을 머금니다。잠을 잠니다。

가튼 말은 주어가 생략된 불비한 글임니다。(다만 이것은 전통적인 해설일뿐임니다。)

二、품사론과 문장론

글월의 성분은단어임니다。단어는 글월의 성분으로서 존재하는 것임니다。그런즉 품사의 성질을 문장론에서 안 생각할수는 업는것임니다마는 품사론은 글월의 재료가 되는 단어의 특질을 연구하는 부문이고、문장론은 그 재료를 가지고 글월을구성하는 구성법을 연구하는 부문임니다。량자의 립장을 혼동하여서는 안됨니다。이를테면

一〇一

밥이 질게 된다.

밥이 죽이 된다.

에 잇서서 질게가「지르」라는 형용사에「게」라는 토가 부튼말이고 죽이 는「죽」이라는 명사에「이」라는 토가 부터서 된 말이라고 하는 것은 품사론에서의 문제 임니다。그러나 질게도 죽이도 부사적 수직어 (副詞的修飾語) 라고 하는 결론은 안나옵니다。이결론은 질게와 된다。죽이와 된다의 결합관계를 생각해서 비로소 발전되는 것임니다。문장론은 이러한 글월에 잇서서의 단어의 결합관계 즉 글월의 구성법을 생각하는 부면임니다。

三、 글월의 성분

글월을 구성하는 성분을 다음과 가치 나눔니다。

글월
文

주성분 主成分 ─┬─ 임자말 (주어) 主語
　　　　　　　 └─ 풀이말 (술어) 述語

부성분 副成分 ─┬─ 형용사적수식어 形容詞的修飾語
　　　　　　　 └─ 부사적 수식어 副詞的修飾語

특수성분 特殊成分 ─┬─ 접속어 接續語
　　　　　　　　　 ├─ 동격어 同格語
　　　　　　　　　 ├─ 부름말 呼格語
　　　　　　　　　 ├─ 감탄말 感嘆語
　　　　　　　　　 └─ 제시어 提示語

이하 각성분에 대하여 설명하겟슴니다。

四、주 어 (임자말)

글은 한 명제를 나타내는 것이닛가 반드시 그 명제의 제목이 잇서야함니다。그 제목을 나타내는 말을 주어(임자말)라고 함니다。주어는 체언이나 체언에 준하는 것으로 됨니다。

一、체언 (體言)

꽃 핀다。꽃이 곱다。

三은 二에 一을 더한것이다。

二、체언에 준(準)하는 것

「메」는 감탄사다。

앗가운것은 목숨이다。

五、술 어 (푸리말)

위에서 말한 「엇더케한다」「엇더타」「무엇이냐」에 해당하는 말 즉 글월의 제목에 대하여 서술하는 말을 술어라고 함니다。술어에는 다음과 가튼 종류가 잇슴니다。

一、용언에 토부튼것

비 그치고 날 드럿다。

달 박고 바람 차다。

하라버지께서 잡수셧겟슴니다。

二、체언에 ㄹ부튼말

저 사람이 누구냥。

충무공은 충신임니다。

이산이 금강산임니다。

주어와 술어는 글월의 업지못할 중요한 성분임니다。그래서 이 둘을 글월의 주성분이라고 합니다。

六、형용사적 수식어

체언을 수식하는 말을 형용사적 수식어라고 합니다。다음과 가른 종류가 잇슴니다。

一、용언의 련체토부튼것(用言의 連體形)

밥머굴 사람은 오십시오。

건강한 사람과 병든 사람을 조사한다。

하얀 손을 내놋는다。

二、체언 쏘는 체언에 준하는 것에 련체토 부튼것

너의 마음。

강철과가른 마음。

三、형용사적 수식어는 중복도함니다

백옥가튼 흰! 얼굴。

다시 한번 말하거니와 「형용사」라고 하는 것은 단어에 이름 부친 품사상의 명목이고 「형용사적수식어」라고 하는것은 단어에 토를 부친 련어라든가 구(句)까지를 포함하는 문장법상의 명목이닛가 그 관점이 다름니다。명칭이 비슷하다고해서 혼동해서는 안됨니다。

七、부사적 수직어

역시 「부사」와 「부사적수식어」와의 구별을 똑똑히 해봐야합니다。「부사」는 품사상의 명목이고 「부사적수식어」는 문장법상의 명목임니다。이점은 형용사와 형용사적 수식어와의 구별과 똑 갓슴니다。즉 「부사적수식어」라는 것은 용언(用言)을 수식하는 모든 말을 가리키는 명칭임니다。「부사적수식어」에는 다음과가른 종류가 잇슴니다。

一、부사 쏘는 부사에 토가 부른것

가마니 잇어요。가마니만 잇어요。너너키 주시오。너너하게 수시오。

二、형용사의 부사형

기리 보존하세。길게 만드러라。

三、수사

나무를 천개 심는다。배가 열척 간다。

四、체언에 토로 부른 것

밥을 먹는다。개구리가 뱀에게 쏫긴다。

五、용언이 밋뿌리가되는 런어에 토로 부른 것

잘 째러서 이버라。병이 자즈면 죽느니라。

一〇五

요컨대 종래의 객어(客語)라고 말한것이라든가 보어(補語)라고 일러오던것까지 부사적 수식어라고 하는것입니다.

문상론은 낫말의 성질을 론하는 학문이아니끄 말과 말과의관계—그것이 글월의 성분으로 써가지고 그 성

분간에 엇더한 관계가 잇는가를 론하는것인즉 객어(목적어)나 보어나 그냥 수식어나 그아래의말을 수식하는

관계애잇서서는 조금도 다름이 업슴니다. 그래서 용언을 수식하는 모든말을 「부사적수식어」라고하는 것임니다.

이상 말한 형용사적수식어와 부사적수식어는 글월을 구성하는가운데 반드시 잇어야 하는것은 아님니다. 그러나

음에 말하고자하는 특수성분보다는 글월과의 관계가 밀접한 성분인고로 이것을 부성분이라고 하는것임니다.

八. 글의 특수성분

(一) 접속어

접속어는 품사론에서의 접속사와 일치합니다.

바람이 불고 그리고 눈이 쏘다진나。 나무가 잇고 쏘 풀도 잇다。

(二) 동격어

쪽가튼 내용을 나타내는 말 쏘는 쪽가튼 종류의 말이 거듭 씨엇슬새 웃말을 아래말의 동격어라고합니다。

너의들 학생들은 공부를 해야한다。 천하명산 금강산이다。

(三) 부름말

부르는 말은 상대자를 부르는 말이니 체언단독으로 씨이기도하고 위에 형용사적 수식어를 가질새도 잇고

아래에 로를 부치기도 합니다。

심수남 쌀러나와。 여보아라 김수남。 수남아 이리와。

（四） 감탄말

감탄말은 감탄의 뜻을 나타내는 말이니,「감탄사」「단독의 체언」「감탄토 부튼, 체언」으로 표시됩니다.

아이구 애─ 큰일낫구나! 달─! 달─! 발근 달─! 아─ 달아! 달아! 발근 달아!

（五） 제시어、

글월에서 어느 말을 특별이 힘차게 나타내기 위하여 눈에 씌는 자리에 노을 쌔가 잇슴니다。이러케 제

시된 말은 제시어오라고 함니다。

　배달겨레는 재주가 만타 ……로에 의하여 글월에 련접돼 잇는 것。

　금강산 만이천봉、봉이마다 아름답다。…형식적으로는 본 글과 써러져 잇는 것。

　「부름말」、「감탄말」그리고 둘재페가튼「제시어」는 형식상으로는 본글（主文）과 교섭이 업슴니다。그래서 이

세말을 독립어（獨立語）라고 함니다。

〔문 제〕

1、 글월의 주성분을 설명하라。

2、 형용사적 수식어와 부사적 수식어의 차이를 말하라。

3、「형용사」와「형용사적 수식어」와의 다름을 말하라。

4、「부사」와「부사적 수식어」의 다름을 말하라。

하편 활용에 관한 고찰

제 一 장 활용에 관한 과거의 학설

一、 활용의 뜻

이미 말한 바와 가치 될자가 말하는 활용이란 정통문법학술어(正統文法學術語)로서의 그것을 말하는 것이고

한글통일안에서 말하는 활용(씨끗박굼)과는 전연 다름니다.

어미활용(語尾活用)이라는 말은 일본 사람이 자기나라문법책을 만들쌔 동사·형용사·조동사의 어미가 변화하는 것에 대하여 이름준 말임니다. 그리고 이말은 Conjugation의 번역어이니 구미문법에서 온 말임니다.

구미어는 굴절어임니다. 굴절어는 명사·대명사에도 어형변화가잇고 동사에도 어형변화가잇슴니다. 그중 book, bo oks 가튼 명사의 굴절이라든가 man men 가튼 대명사의 굴절을 Declension 이라하고 love loved 라든가 write, wrote written 가튼 동사의 굴절을 conjugation 이라하는데 전자를 「어형변화」 또는 「어미변화」라고 번역하고 후자를 「어미활용」이라고 번역하엿던것임니다.

일본말은 명사·대명사·수사는 그어형에 문법적변화가업고 동사와 형용사와 조동사에만 문법적 어미활용이잇슴니다. 이를테면 동사 「死ㅈ」sinu라는 말은 그어미가

sin-a sin-i sin-u sin-e (sin-o)

死ナ 死ニ 死ヌ 死ネ (死ノ)

와가치 변함니다。즉 어미가 a、i、n、e、(○)로 변합니다。그런데 어것을 일본글자로 쓰면

シナ、シニ、シヌ、シネ、(シノ)

와가치되니 어미가 ナ二ヌ子(ノ)로 변하엿다고 말하게되는 것임니다。단음문자로 써 노코 보면 어미가 aiu

e o로변하엿다고 음절문자로 써노코 보면 어미가 ナ二ヌ子ノ로변하엿다고 돼서 어삐라는 말의 내용이

일치 하지안습니다。이는 문자의 구조가 다르기 세문에 엿지 할수 업시 이러캐 되는 것임니다。그러면 이말은

국문으로 저글세에 다음 두가지 방법이 구상될것임니다。

(一) 시나 (死ナ) 시니 (死二) 시누 (死ヌ) 시네 (シ子) 시노 (シノ)

(二) 신아 (sin-a) 신이 (sin-i) 신우 (Sin-u) 신에 ((sin-e) 신오 (sin-o)

위의 (一)은 표음식 구철자법(필자의철자법)이오 (二)는 한글식 어원적어간고정 (語源的語幹固定)의 신철사법

임니다。

그 천자를 취하건 후자를 취하건간에 여기까지가 어미활용이라는 것이지 그이하 이를떼면

シナセル、シナレル、シナン、シニタリ、シネバ、シノウ、シニマス、シンダ。

가른 조어의 첨가까지 어미활용이라고 는 안는 것임니다。

그런즉 내가 말하는 국어의 활용이란「주그」라는말이

주그→주거、주기→주겨、즈그→죽

가치되는것ㅣ이것을 한글식으로 쓰면

죽으、죽어、죽이、죽어、

로되는 것을 말할 뿐이고

죽는다　주거시다(죽었다)　주기오(죽아오)주거라(죽여라)

죽겠읍니다 (죽겠읍니다) 주거시겠서요 (죽었었겠어요)

가튼 조어의 부착까지를 활용이라고 하는 것이 아닙니다。

그러면 일어의 シナ、シニ、シヌ、シ木、シノ를 국문으로 저글 써에 시나、시니、시누、시네、시노로 저글것이겠

슴닛가。한글식으로「신아、신이、신우、신에、신오」로 저글것이겟슴닛가。쓰 打タ、打チ、打ツ、打テ、哎カ、哎ケ、

哎ク、哎ケ、乘ラ、乘リ、乘ル、乘レ、飛バ、飛ビ、飛ブ飛ベ、飲マ、飲ミ、飲ム、飲メ가른것을

울아(打夕)　울이(ウチ)　울우(ウツ)　울에(ウテ)

삭아(哎カ)　삭이(サキ)　삭우(サク)　삭에(サケ)　　삭는　싹아、싹이、싹우、싹에

눌아(乘ラ)　눌이(ノリ)　눌우(ノル)　눌에(ノレ)　　놀는　놀아、놀이、놀우、놀에

돕아(飛バ)　돕이(トビ)　돕우(トブ)　돕에(トベ)　　돕는　돕아、돕이、돕우、돕에

놈아(飲マ)　놈이(ノミ)　놈우(ノム)　놈에(ノメ)　　놈는　놈아、놈이、돕우、돕에

로 저글 것이 겟슴닛가。

이러케 저그면 어원적어간이 고정되고 어미가 aiue로 정연하게 정리되는것이 사실입니다。차못 과학적?인

것가치 여겨지기도 할것입니다。어미가 aiue로 활용하는것을 여실하게 나타낸 문법갓기도 할것입니다。

그러나 이는 안될 말일 것임니다。왜냐하면 a와「아」i와「이」u와「우」e와「에」가 서로 성질이다른 글자기쌔문입니다。

국어의 안즈、안저、안지(안진뱅이)안치、안처가튼 말을 엽으로 무러 쓰면

ㅏㅈㅡ　ㅏㅈㅓ　ㅏㅈㅣ　ㅏㅊㅣ　ㅏㅊㅕ

가됩니다。「ㅡ、ㅓ、ㅣ」와「기음이압서는ㅣ」「기음이압서는ㅕ」로 변한것이 자형상(字形上)에 여실이 나타나잇

스머 어간이 ㅓㄴㅈ아라는 것도 의심 업는 일임니다. 그러면 이것을 훈민정음식 범자필합성음(凡字必合成音)하는

문자형식으로 나타낼쌔 엇더케 저글것인가? 다음 두가지 방법이 구상될것임니다.

안즈, 안저 안지, 안치, 안처……(一)

앉으, 앉어, 앉이, 앉여……(二)

(一)은 표음식 재래의 철자법이오 (二)는 신철자법임니다. 그런데 (二)의 뜻 두말은 신철자법

에서는 이것을 「앉히」, 「앉혀」로쓰고잇슴니다. 즉 ㅊ소리를 ㅊ로적지안코 「ㅈㅎ」로적는 것이 신철자법임니다. 이

는 어원적어간인 ㅓㄴㅈ(앉)의 자형을 과피치 안코자하는 데서 생견 강제수단임니다. 「ㅊ」가운데 「ㅈ」가 드러잇

는 것을인정치안코 로마글자의 Kh(ㅋ)Th(ㅌ)Ph(ㅍ)가튼 표기법을 모방한 양식(洋式)철자법임니다

二、박승빈의 활용관

필자가 말하는 의미의 활용론을 주장한 학자가 이미 잇섯스니 박승빈씨엿슴니다. 씨는 「주그」「안즈」를 원형

으로 보앗고 이말이 「주거 안자」로 활용된다고 관찰하엿슴니다. 여기까지는 필자의 관찰과 똑갓슴니다. 그런데

이런말이 「주기, 주거, 안지, 안치, 안처」로 변하는것은 어미 활용이아니고

주그이 주그에 안즈이 안즈히 안즈혀

와가튼 조용사(助用詞)부착에 의하는 것이라고 관찰하엿슴니다. 즉 한글맞춤법문법과 비슷한 견해를가지고 잇

섯슴니다. 이점이 필자의 관찰과 전연 갓지안슴니다. 필자는 「주기, 주거, 안지, 안치, 안처」까지도 어미활용에 의

한것이라고 관찰하고 잇는 것임니다.

박씨는 신철자법과 투쟁한 단 하나의 학자엿슴니다. 씨는 한글식파는 용언의 원형(原形)관이달럿고 활용에더

一一一

한 생각이 달럿고 쇼 된쇼리는 된시옷으로 쓰는 것이 울타고 주장하였고 그러나 씨는 한편 ㅊ로

ᅙ 다수한 새바침을 긍정하엿고 「닮힌다」「덮럭ㅅ소니」가튼 문법을 긍정하여 한글식철자법과 방불한바 잇서 구철자법

과는 역서 현저하게 달럿슴니다。 필자의 철자법이 구철자법과 백중 구십구까지 일치하는것에 비하면 박씨의철자법

은 한글식과 거의다름이 업는것임니다。 씨는 다음과가른 말을남기고 갓슴니다。 「비록 오늘은 세상이 다 반대

하더라도 五十년 뒤에는 나의 설이 반드시 정론이되리라」씨가 확호한 신념을 가지고잇섯다는것이 엿보임니다。

三、 옛사람들의 활용관

훈민정음을 제정한 모든학자와 그리고 최세진과 신경준、류희가른 국문학자와 송강、퇴계、률곡가른 옛날 모

든 학자들은 대개 용언의 어미를 발음대로 쎗슴니다。 즉

업스、 업어、 업이、 앉으、 앉아、 앉이、 앉히
업슨、 업애、 앉은、 앉인、 앉혀

가른 것이 우리문법의 진상이라고는 생각지 아녓스며

추기른살 (殺) 소기르기 (欺) 부티르기 (奇)

와가치 생각햇지 「죽이」「속이」「불이」로도 생각지 아녓슴니다。 즉 옛사람들의 생각은 필자의 생각과 거의 다름

이 업섯슴니다。

四、 최현배의 활용반대론

최현배씨는 박승빈씨의 활용론을 반대하여 대강 다음과 가치 말하엿슴니다。(우리말본 一八四면)

「박승빈님의 용언 활용론은 일본문법 용언활용의 형식을 모방한 것에 지나지 아니한 것이다。 그러나 용언의 활용

이란 단순한 음성형식의 변화가 아니라 그것이 문법상 무슨 뜻을 가지는 것이니 이를 떼면

활용형\례	未然形	連用形	終止形	連體形	已然形	命令形
往	カ	キ ク	ク	ク	ケ	ケ
死	ナ	ニ	ヌ	ヌル	ネレ	ネ

原形 Root	過去形	過去分詞	現在分詞
talk	talked	talked	talking
go	went	gone	going

처럼 되는 것이다. 이 문법적진의(眞意)를 모르고 그저 단순이 머그→먹(略音段活用)머그→머거(變動段活用)가 튼것을

활용이라고 주장할쑨이고 그각각의 쓸이 문법적으로 하등의 뜻을 가짐을 천명하려고도 아니하며 또 햇댓자 할수도업

계 됏스니 이는 학적견지에서봐서 한문의갑도업는 유치한 피상적모방이라고 한것은 지나친 혹평이아닌가합니다. 최씨

박승빈씨의 활용론에 대하여 한문의갑도업는 유치한 피상적모방에지나지못하는것이라 아니할수업니.

말대로 박씨는 그의 변동단 활용과 략음단 활용이 「말뜻을 고치는것이 아니라」고는 하엿슴니다. 그러나 씨는

분명이

「다음말과의 련접되는 관계를 표시한다」

고 말하엿슴니다. 나는 이것이 훌륭한 문법적 의의라고 봄니다. 일본말의 여러가지 형(形)도 다음말과의 련접되

는 관계를 표시하는것임니다. 국어를 일본말법에 그대로 마춰녀어본다면 다음과 가치 될것임니다.

활용형\례	未然形	連用形	終止形	連體形	已然形	命令形
머(食)	그	ㄹ거	그오	그ㄴ	거ㅅ	거.라
안(坐)	즈	저	즈	즈	저	저

국어와 일어의 문법이 엇지 쏙 갓겟슴닛가마는 다른 엇던나라 말보다도 서로 비슷한 것이 국문법과 일문법임

니다。박승빈씨가 말한 변동단 활용은 확실이 명령형이며 기연형이며 련용형임니다。한가지 형태속에 여러가지

쓰이 내포돼 잇슴니다。이제 국어와 일어를 잠간 비교해 보겟슴니다。

（一） 명령형

일어의 명령형은 e로 어미가 활용됨니다。즉 다음과 갓슴니다。

ユク→ユケ（往）　サス→サセ（射）　ウツ→ウテ（打）　クフ→クヘ（食）　（食ウ→食コ）
yuku→yuke　sasu→sase　utu→ute　kuhu→kuhe　kuu→kue　kuu→kue　（P는 F로 變하고 또 母音으로 變하엿슴）

그리고 명령조사에는 ㅁ、ㅋ 싸위가 잇슴니다。

이 일본말의 명령법은 국어의 그것과 매우 방불함니다。
더그→머거 버스→버서 다드→다더 어브→어버

그리고 명령토의 「라」와 「요」도 일본말의 ㅁ、ㅋ 와 그소리까지 근사함니다。

머그
原形 ─ 行タ
行タ→行ケ→行ケヨ→食べㅁ
머거→머거요→머거라

「라」는 해라와토요「요」는 허우의 토인데 일본의「ㅁ」는 관동（武藏）지방 농민의 말루고「ㅋ」는 대화（大

和）지방 귀족의 말루임니다。그런즉 그 반상（班常）관계까지 두나라말이 일치함니다。필연코 우리옛말이 일본에

전해진것일것입니다。
일본말의 명령어미는 e（에）인데 국어의 명령형은 ㅓ임니다。매우가른 음임니다。쏘 국어의 허게루 명령의「먹

개、벗개、닷개、」의「게」에 세모음이 씨이는것도 서로 통하는 점임니다。일어의 원형어미는 ㅜ（ウ）가 보통인

一一四

테 국어의 원형도 「머그, 버스, 어브, 다드…」와가치 u입니다.

(二) 숙어형(熟語形)즉 명사형

일어의 ^언어미론 i(이)로 활용하면 숙어형이 됩니다. 즉 다음과 갓습니다.

ユク↓ユキ(往キ來・ナリユキ)サス↓サシ(射シ方・卑射シ)ウツ↓ウチ(打チ物、シウチ)

이는 우리국어의 다음과가른 활용과 쭉 갓슴니다.

머그↓머기(저녁머기、소메기)노르↓노리(늘노리、노리터)다드↓다디(미다디↓여다디)

다드므↓다드미 쇼지↓쇼지(곳감쇼지) 쓰(書)↓글씨(文字) 크(大)↓키(丈)

이것을 어미활용으로 보지안코 「이」라는 조어의 첨가부착으로 관찰하는것이 요새 문법이니

먹이(저녁먹이) 놀이(들놀이、놀이터) 「크」(大)라는 말이

가른것이 그럿슴니다. 그런즉 「쓰」라는말이 씨(글씨)로 된것을 「쓰이」의 합음으로 관찰하고 「크」

「키」로 변한것을 「그이」의 합음으로 관찰하는것임니다. 이와가른관찰은 일본말의

往キ 射シ 飮ミ 乘リ(往キ來 射シ方 飮ミ物 乘リ物へ)

가른말의 유기(ユキ)사시(サシ)노미(ノミ)노리(ノリ)를 「육이」「삿이」「놈이」「놀이」즉

「ユキイ」「サスイ」「ノムイ」「ノルイ」즉
往イ 射イ 飮イ 乘イ
육이 삿이 놈이 놀이

모 저거야 울타는 격의 리톤임니다.

국어의 형용사를 부사형으로 쓸 색도 이 활용형을 취함니다.

기르(長)↓기리、 노프↓노피、 ♣야트↓야치(야치는 야터의 구개음 화된것)

五、홍기문의 활용반박

홍기문씨는 한글파와는 약간 색채가 다른 독실한 어학자요 문법학자인데 씨도 박승빈씨의 활용론을 반박하여 대충 다음과 가치 말하엿슴니다(「조선어문법연구」七五、七六、七七면)

「먹으、줏으(拾)와가치 말숫과 말머리의 바침과를 명확히 가르자는 것은 소리의 차이를 나타낸것이아니고 말과 말사이의 관계를 확립시키고자 함이다」…(그런즉 「으」를 독립된 단어라고 생각한것임…필자)

막애(栓) 줄애(鍬) 길이(長) 놉이(高)가튼것은 막(防) 갈(耕) 길(長) 놉(高)에다가 「애」「이」가튼 쇠리를 부처 만든 명사다。「마그、가르、기르、노프」를 원형이라고 보면 왜 원형에 쇠리를 부처다는 말이냐…(一)

「신을 신으며」「빗으로 빗으며」에 잇서서 「시느」「비스」가 원형이라면 왜 명사에는 원형이 씨이지안코 변형이 씨이는 것일가…(二)

「곧얼음、검버섯、넘보아、검붉으」가튼 말에서「고드、거므、너므、거므」가 원형이라면 숙어를 만들쌔 왜 원형이 씨이지안코 략음형이 씨일가…(三)

그러나 필자의 생각에 의하면

「쇠리」가 쑥 원형에 부터야한다는 리유도 업고(一) 동사가 먼저고 명사가 나중이라는 리유도 업슬것이니 (二) 숙어를 만들 쌔 원형이 씨어야한다는 리유도 업슬것이며 (三)씨의 반박리유는 너무도 허황함니다。

씨의 의견에 의하면 국어 용언의 대부분이 「먹」「줏」「막」「길」「놉」「갈」「신」「빗」「곤」「검」으로돼서 단음절적(單音節的)이오 국어의 특질이라는 것이 되는데 이는 우랄 알타이어죽의 특질과 정반대 되는 것임니다。그러타면 「아비」父「어미」母「아기」兒「다리」脚「허리」腰가튼 말모 모두 「압이」 「엄이」 「악이」 「달이」 「혈이」와 가튼 구성으로 된말이라는 것이 될것이며 「아버지」 「어머

니」도 「압엇이」 「엄엇이」와 가튼 세 단어의 복합어라고 하는것이 될것이니 심한 억설일것임니다.

「막애」 「갈애」 「놀애」 「젊엉이」 「물엄」 「죽엄」 「산넘어」 가튼것을 통일안에서 부인한것은 현명한 처리임니

다. 허나 통일안에서도 이쌔의 「애」나 「어」를 접미(接尾)(발가지)로 생각하고 잇는것은 홍기문씨와 쪽 가튼

잘못임니다. 「마개」가 「막아」의 압모음 활용어(前母音活用語)며 「주검」이 「주거」라는 나즌 모음형에 「ㅁ」이

접미 됏다는 필자의 전해는 차차 리해될 것임니다.

숙어를 만들쌔 원형을 쓰지안코 략형을 쓰는 것은 단어의 음절수를 주리기 위한 세계 공통적인 조어법일 것임

니다. U•S•A로 Uinted States of America를 대신하는 조어심리는 「가지고 오너라」를 「갓고 와라」로 주리

고 取리手를 「돗비」로 주리고 「십월」(十月)을 「시월」, 「팔일」(八日)을 「파일」로 주리기도 함니다.

「어름(氷)거름(步)주름、노름」가튼말은「어르、거르、추르、노르」원형에 명사만드는 접미를 부친것임니다. 이것

을 「걸」 「줄」 에 「음」 이라는 접미가 부튼 것이라고 생각하는 것을 무리하니 「몸가짐」 「갈폼」 「구검

살」 가튼말이 「모갖임、슲음(또는 슬훔)「국임살」이 아니라는것과 쪽가튼 리유엔서、임니다.

○자는 국문의 특색인테 ○자만 엽섯더라면 이러한 괴변을 하래야 할수 엽섯을 것을 ○자쌔문에 이런 이

상한 말들을 하는것이니 「공경이 체중」이란 이를 두고 말한 것인가 함니다.

〔설 문〕

1、활용이란 무엇인가.

2、「한글통일안」에서 이르는 「활용」을 설명하고 그 잘못을 지적하라.

3、국어의 활용을 일부분이나마 정명하게 말한사람은 누구며 그 내용은 엇더한 것인가.

一一七

제二장 활용의 종류

1 뜻에 의한 분류

국어 용언의 활용을 뜻에 의하여 분류하면 다음과 가튼 여러가지가 잇습니다.

(一) 말뜻에는 큰 변화가 업고 다음말과의 련접관계가 결정제한 되는 것

머그→머그 먹
안즈→안저 안
업스→업서 업 ⎱ 박승빈씨가 지적한 「변동단 활용」과 「략음단 활용」이 이에 속합니다.

(二) 형용사나 동사를 명사로 변성하는 것

다드므→다드미 기르→기리 노프→노피 넙브→널비
노르→노라→노래 마그→마가→마개 바드→바디→바지(바지랑대、덥바지) 부트→부티→부치(일가부치 쇠부치)

(三) 형용사를 부사로 변성하는 것

째르(쌀르)→쌀리 마느(만흔)→마니(만히)

(四) 동사의 주동(主動)태를 사동(使動)태로 고치는 것

구드→구디(구지) 가트→가티→가치
머그오→머기오 주르오→주린다 오르(올르)→울린다

(五) 동사의 능동태를 수동태로 고치는 것

머그오→머키오.

어브오→어피오 (사동으로도 씨임)

쇼즈오→쇼치오 (사동으로도 씨임)

(六) 형용사를 동사로 변성시키는 것

불그→불키　발그→발키

노프→노피

(七) 명사를 부사로고치는것 (아직 나는 이철자법을 취하지는 안코잇슴)

집(家)→집지비

곳(所)→곳고시

Ｖ이러케 보면 활용으로 무러야할것이나 「이」의 접미법으로 보면 활용이 아님

二 형태에 의한 분류

（一） 나즌모음활용(低母音活用)

머그→머거　안즈→안저（또는 안자）　살모→살머（또는 살마）　노르→노라（또는 노러）

머기→머겨　　가지(持)→가져

머키→머켜　안치→안처

보→봐　쏘→쏴　쇼치→쇼처　부디치→부디처

누→눠　쑤→쒀　쇠→쇄　되→돼

쥐→줴(쇄)

이 나즌모음 활용이라는 것은 과거에잇서서는 「어」의 부착으로 보던것임니다。 나중에 자세한 설명이 잇슬것임니다。

(二) 압모음활용

머그→머기(아침머기 쓰는 아침메기)…명사를만듬

머그→머기오…주동태를 사동태로 밧굼

노그→노피다…형용사를 사동사로 만듬

느프→노피다…형용사를 타동사로 만듬

느프→노피…형용사를 명사나 부사로 만듬

차(츰)→챈다…형용사를 타동사로(뜻이 매우 달러진 것)

오른편→왼편…반대 말을 만듬, (오로지·은→의로 올라→외다)

싼다→쌘다……반대 말을 만듬

이 압모음활용이라는 것은 이째까지의 문법에 잇서서는 「이」의 첨가로 보던 것임니다. 나중에 자세한 설명이 잇겟슴니다.

(三) 거센자음 압모음활용

머그→머키   노그→노키   얼그→얼키   이그→이키   써그→써키

다드→다치(다티)   바드→바치(바티)   무드→무치(무티)

어브→어피   아브→아피   저브→저피   조브→조피   덜브→덜피

쇼즈→쇼치   안즈→안치   매즌→매치   언츠→언치   부디즈→부디치

아느→안기   버스→벗기   시므→심기

이 거센자음 압모음활용이라는 것은 「히」첨가 쓰는 「기」첨가 등으로 푸러 오던 것임니다. 자세한 것에 대하여서는 차차 말하겟슴니다.

一一〇

(四) 바침활용

머그→먹 아느→안 다드→닫 거르→것(步) 노르→놀 가프→감 어브→업

씨스→씻 나즈→낫 조츠→좃 부트→붓 노프→놉

조으(조호)→좃 이으•이스→잇 더우→덥(쏘는 더울)

열그→억 널브→널 발브→밥 안즈→안 할트→할 절므→점

이 바침활용은 활용이라기 보다는 소리의 주림으로 생기는 음변(音便)의 현상입니다。어미(語尾)를 생략하고 어간이나 또는 어근(語根)을 쓰는 어법입니다。즉 일본말에 잇서서의 촉음변(促音便)이나 비음변(鼻音便)・撥音便과 비슷한 것입니다。문법적의의가 가장 가벼운 변화입니다。종래문법에서는 이것을 정반대로 관찰하여 왓

스니

없、앉、핥、많、좋、젊、굵

가튼것을 원형이라고 하엿던 것입니다。그러나 이것은 원형(原形)이아니고 관념적어간(觀念的語幹)입니다。국어의 원형은 결코 폐음절적인 단음절어(閉音節的單音節語)가 아닙니다。이러한 관찰은 일자일의(一字一意綴)에 의한 글자의 뜻시를 바라는 한 방편으로서는 성립할수잇는 것임니다。즉 실용적문법견지에서 한번 생각할수는 잇는 것입니다。그러나 학문적문법으로는 아주 잘못본 중대한 착오임니다。즉 실용적문법견지에서 한번 생각할수는 잇는 것입니다。그러나 학문적문법으로는 아주 잘못본 중대한 착오임니다。관념적어간(觀念的語幹)과 원형(原形)을 혼동한 문법입니다。

[문제]

1、활용의 종류를 뜻에 싸러 분류하라。

2、활용의 종류를 형대에싸러 분류하라。

제 三 장 나즌모음활용

一、 나즌모음활용이란 무엇인가

나즌모음활용이란 벅승빈씨 문법에서 말하는 변동단활용(變動段活用)바로 그것입니다。 즉 요새 문법에서는

커(大) 건너(渡) 서(浮) 밧버(忙) 서(立) 슬퍼(悲) 터(開) 써(苦)

가튼말의 소종래를

크어 건느어 쓰어 밧브어 스어 슬프어 트어 쓰어

애 구하고 잇지만——즉 「어」가 첨가부착돼가지고 이런말이 생긴것으로 보고잇지만 (김윤경씨는 「어」를 「잇씨」

라고하여 독립된 품사로 보앗슴) 이것을 「어」의첨가로 보지안코 「으」단어미가 「어」단어미로 굴절(屈折、曲尾、

曲折)된것으로 관찰하고 이것을 나즌모음 활용이라고하는 것입니다。

크→커 건느→건너 쓰→써 밧브→밧버(또는 밧바) 슬프→슬퍼

트→터 쓰→써 안즈→안저(또는 안자) 굴프→굴머

와 가치 솟모음의 활용(용언의 어미굴절을 활용이라함) 한것이라고 보는 새로운 견해입니다。 이견해는 박승

빈씨가 확신을가지고 극력 주장한 것임니다。 「어」의 첨가가 아니고 솟모음(語尾)의 활용이라고본 중대한 발

견 임니다。

二、 「으・어」는 무엇인가

머그、 머거、 안즈、 안저(안자)절므、 절머、 노프、 노파(노퍼)

와가치쓰면 「으」도엽고 「어」도엽고 「아」도엽슴니다。 그런데 이것을

먹으、먹어、앉으、앉아 젊으、젊어、놓으、놓아

로쓰는데서 「으、어、아」라는 글자가 생겨나고 글자가 무엇이라는 것을 설명아니할수업게되는 것임니다

홍기문씨가 「으」에 대해서 말한것은 이미 소개한바 잇슴니다 그것이

니다。그런데 최현배씨의 생각은 또다름니다。(한글갈 一七八면)

「개괄적으로 말하면 국어가 바침잇는말과 바침업는말을 싸러서 문법적으로 분화의 형식이 발달뎃다할하

너 그분화의 즈으데 바침잇는말아래애는 그 련발을 섭게 하기위하여 「으」를 써넛는 것이라 할만하다」

즉최씨는 「으」를 바침잇는 말아래에 삽입되는 뜻업는 조음(調音)이라고 본것입니다。양주동씨도 이것을 조음소

(調音素)라고하여 「먹으、앉으」가른말을 조음조형이라고하엿슴니다。그런데 한가지 큰 의문이 잇슴니다 즉

슬프、밧브(바쁘) 옛브(예쁘) 굿브(구쁘) 건느

가튼말을 「슬으、밥으(밥으) 엾으(엾으) 굶으(굶으) 겂으」로 왜안적는가하는 점임니다。이런말이 바침(둘바침)안되는

것을 반사적(反射的)으로깨닫고 「으」가안붓게 말할수잇는 분별력(分別力)이 언중의 문법의식속에 잇다는 것——

밧궈말한다면 앉으、없으、넓으、앓으、꿇으、놓으、좋으、붙으

가른 말을 할적에 위에바침잇는 말인것을 직각적으로 깨닫고 「으」를 삽입하게된다는 것이 큰의문임니다。

（소가 소는 소를 소와 소야 소로
말이 말을 말과 말아 말로—다른바침말에는 손으로 붓으로）

와가튼 채언의 바침유무를 분별하여 로를 틀리지 안는것과 용언의 「으」를 쓰고 안쓰는것과는 결코 갓지 안슴니

다。이런세는 틀리려해도 틀리지 못할만큼 그 분간이 확실하겠임니다。그러나

「슬프니、 아프면、 고프오(飢)。」

에는 「으」가 삽입되지안코

「읊으니、 짧으면、 높으오」

에는 「으」가 삽입된다고 언중(言衆)이 반사적으로 구별한다는것은 밋기어렵습니다。 필자의 이러한 반문에대하여

「다」를 부처보면 바침이잇고 업고를 알수잇지안나고 대답할지모르나 이는 얼토당토아는 답번임니다。 언중이

말을할적에 「다」를 부처본다음에 「으」의 잇고업고를 판단하지안코잇다는 것은 너무도 쑤렷한바며 「앗다、 뚫다、

끊다」 가른말은 언중이 리해조차못하는——국어에 씨이지안는 말입니다。 요새 절자법에서 가장 어려운것이 용언

의바침의 분별인테、 그것이 체언의 경우처럼 엄격하게 「가름로」와 「두투씨이는로」를 분별하고 씨일리는 절대로

업슴니다。

다음으로 「어」나 「아」는 엇더한것인가。

「으」가 바침잇는 말아래단씨이는 조음이라면 「어」나 「안」도 그러해야 할것입니다。 즉

읖(詠) 잪(報) 놑(高)

가른말은 어(아)를 써야겟지만

슬프、 아프、 고프、 쓰(用) 트(開) 쓰(浮) 크(大) 밧브(忙)

가른말은 어(아)를 요하지아늘 것임니다。 과연 현철자법에서도 「어」자를 쓰지안코잇스니

슬퍼서、 아과요、 고파서、 써라、 터서、 떳다、 커도、 바빠요

와갓습니다。 분명이 어(아)자는 쓰지아넛슴니다。 그러나

슬퍼、 아파、 고파、 써、 터、 떠、 커、 바빠

라는 어형이 어디서 왔는가를 설명하려면 불가불

슬프어 아프아 고프아 쓰어 트어 뜨어 크어 바쁘어)

가른 어(아)를 론하지아니치못할것이니 이리하여

아긴다↓이겨라 시키면↓시켜라 살피오↓살펴서 천다↓처라 더우↓더워…가른말도

이기어↓이겨 시키어↓시켜 살피어↓살펴 치어↓처 더우어↓더워)

와가른 문법에 의한것이라는 설명을 아니치못하게됨니다。이리하여「으」와「어」는 쑥가치 생각하지못하게 됏슴

니다。즉「으」본 바침잇는 말에만 씨이지만「어」(아)는 바침업는 말에도 쑥 씨이는 것이라고 말아니치 못하게 됏슴

그러나 이러한 모든 싸다로운 리론을 그만두고 발음나는 대로 직접적인 관찰을 합것가트면

슬프⌒아프⌒고프⌒쓰⌒트⌒크⌒밧브
슬퍼 아퍼 고파 써 터 커 밧버

와가치 어미가 활용된것이라고 보게될것이며 동시에

운프⌒운퍼
가프⌒가퍼
노프⌒노퍼
안저⌒안즌
굴머⌒굴프
할터⌒할트
쑤두러(쑬허)⌒쑤르(쑬흐)
마너(만허)
마느(만흐)

와가치 어미가 활용한것이라고 말하게되는 것임니다。이리하여

ㅅ―ㄹ되―:ㅅ―ㄹ되ㅣ ㅏ되ㅣ―:ㅣㅏ되ㅣ ㅣㅏ되ㅣ―:ㅣㅏ되ㅣ

의「으어」활용이나

―ㄹ되―:―ㄹ되ㅣ ㄱㅏ되ㅣ―:ㄱㅏ되ㅣ ㄷㅏ되ㅣ―:ㄷㄴ되ㅣ

의「으어」활용이나 쑥가튼 모음활용이지「으」니「어」니「아」니「으어」의 합친것이니 하는 등의 비현실적인 해

외「으어」활용이나

一二五

설이 도모지 필요치안케 됩니다。

요컨대 필자는 「으」 「어」 「아」 또는 「으어의 합음」 가른 것을 일체 인정치안슴니다。 「으、어、아」 를

샌 나머지의 「ㅡ、ㅓ、ㅏ」 만을 인정하는 것입니다。 「으、어、아」 는 「ㅡ、ㅓ、ㅏ」 를 잘못 관찰한 것이라고 생각하

는 바임니다。

어원적 어간을 고정철(固定綴)하기위하여 편법(便法)으로 「으、어、아」 를 쓴다면 이는 잘못이 아님니다마는 「으

어、아」 라는 말(單語)이 잇다는 것은 올치 아는 관찰임니다。

三、 나즌모음 활용의 종류

나즌모음 활용에는 다음 여섯가지가 잇슴니다。

1、 으어활용
2、 이여활용
3、 오와활용
4、 우워활용
5、 외왜활용
6、 위웨활용

다음에 각 활용의 대한 설명을 하겠슴니다。

(一) 으어활용

머그。→머거。 안즈。→안저(안자) 노프。→노파(노퍼) 바드。→바더(바다)

쓴다、썻다 토다↓터서 크다↓커요 부르토。↓부르터。 쑤지즈。↓쑤지저。

가튼 어미활용을 「으어활용」이라고함니다。

으어활용에는 이른바 모음조화라는것이잇스니 첫음절이 「아」나 「오」인쇄에 아래음절의 모음이 「아」를취하는

아를테면 「다드↓다다, 노르↓노라」 가튼 활용임니다。 그래서 현행문법에서는 「앉아」 「받아」 「달아」 「놀아」 「높

아」 「고파」를 취하고 「앉어」 「받어」 「놀어」 「높어」 「고퍼」를 취하지안코 잇슴니다。 그러나 필자는

그 어느것이전 마음대로 쓰기로 하고자함니다。

「애해」다르고 「에해」다른 것이 우리 말이어서「알랑」과「얼텅」의 어감이 갓자 아는 즉 「잣바 젓다」는 말과

「잣버 젓다」는 말이 쏘 다름니다。쏘 라서(쏘러서)쓰고시픈대로 쓸것이지 어느하나로 통제할바가 아닐것임니

다。다만 이책에서는 「오아」형을 취하고 「아아」형은 「아어」형으로 통제해 밧슴니다。

으어활용은 나즌모음활용에서 가장 중요한 활용입니다。 현행문법에서 바침잇는 용언이라고하는 것은 전부 이

으어활용을하는 말들입니다。 그리고 크大 쓰浮 건느渡 이르(이르)트開스立 가튼 말 이라든가 「아프、고프、밧

브、엣브、밋브、굿브、시프」가튼 말이모두 으어활용하는 말들입니다。

국어의 동사와 형용사의 대부분은 그원형의어미가 「으」단으로돼잇슴니다。 이는일본말 용언의 기본형(終止形)이

ウ단으로돼잇는것과 력사적관계를 가지고잇는것일것임니다。

머그 노르 쓰 잇스 주그 이브 어브 씨르
(クフ (アソブ (カク (アル (シヌ (オフ (サス (スル
오프 사스 스르

국어의 용언의 대부분이 으단으로 쏫나는데 대하여 체언의 대부분은 이단으로 쏫남니다。이리하여 용언과

체언은 그 형태에잇서서 「으」와 「이」(즉 後母音과 前母音)의 대음관계를 가지고 잇스니 이도 필자가 말하

는 대음대어(對音對語)의 나타남입니다.

(二) 이여활용

디디→디뎌　쑤시→쑤셔　우비→우벼　친다→쳐라　시키→시켜……(1)

머기→머겨　안치→안쳐　노피→노펴　조핀다→조펴라　야치→야쳐…(2)

가른 활용을 이여활용이라고함니다.

이여나즌모음활용하는 말은 으어나즌모음활용하는 말보다 더 만슴니다. 그까닭은 으단원형의 용언이·압모음 활용하면이단용언이뫼기쌔문임니다. 즉 위의례의(2)가그럿슴니다.

「머그」라는 말이 「머기」(머긴다)로 활용하여 독립된 뜻을갓게되면 이말(머기)은 「머겨」로 나즌모음 활용 함니다. 「머키」가 「머켜」로 활용하는것도마찬가지임니다. 그래서 「이여」활용하는 말의수효는 「으어」활용하는 말 의 수효보다도 더 마늠니다.

먹인다→먹여라　앉힌다→앉혀라　업힌다→업혀라…가아니고

머긴나→머겨라　안친다→안쳐라　어핀다→어펴라…임니다.

(三) 오와활용

본다→봐라　쏜다→쏴라　쏜다→쏴라　혼다→화라

놋는다→놔라　온다→와서　모면→봐서

가른 활용을 「오와나즌모음활용」이라고함니다. 오와활용되는말은 그리만치안슴니다. 대개는바침업는 단음

절원형을가진 말들임니다.

위의 례중 「노→놔」 「모→봐」 가른말은 본대 「노호→노한」 「모으→모아」 가른 말이엇는데 요새와서 「호」 「으」

가 탈락하고 단음절화하는 경향을 갖게된말임니다.

와라 쏴라 쏴라 화라 놔라 와서 봐서

가른말은 다음과가치 「아」를 독립시켜서 말하기도함니다.

보아라 쏘아라 쇼아라 쏘아라 호아라 노아라 모아라(「오아라」(來) 안 씨임)

이새의 엇던것을 원칙으로 보고 엇던것을 변칙으로 불것인가?

「아」첨가법을 원칙으로 보는 것이 현행문법이고 「오→와」형을 원칙으로 보는 것이 필자의 문법임니다.

나는 「와」가 「오아」로 연음(延音)되는 것을 이런말들이 단음절어인데서 생긴 보강책(補强策)이라고 보고 잇슴니다. 즉 국어의 용언의 대부분이 이음절(二音節)로 돼잇는데 그것과 균형을 취하기위한 연음법이라고 보고 잇슴니다.

「우워」 활용에 잇서서 「우→워」를 취하지안코 「어」의 첨가법을 취하는것도 마찬가지라고 생각하는 바임니다.

어서와서 버선목을 화라. 활을 쫙. 봐라.

곰을 퐈. 놨다. 노를 쫘서. 맷돌을 쫘서.

가른 입말이 본이고

어서 우아서 버선목을 호아라. 활을 쏘아 보아라.

곰을 고아 노앗다. 노를 쇼아서. 맷돌을 쪼아서.

가른 것은 문자언어로서의 보수성(保守性)을 유지코자하는 한·기록이기도 한즉 허용해도 무방할 것임니다.

(이중 「오아서」만은 실제와 너무도 어긋남) 필자의 활용론이 인정됨에 싸러서 야 연음형 문자언어도 차차 세력

을 일케될 것임니다。

四、우워활용

누→눠 나누→나눠 쑤→쒀 두→둬 부→붜…(1)

더워→더워 쉬우→쉬워 추우→추워 구우→구워 미워→미워…(2)

가튼것이 「우워」 나즌모음활용임니다。이러케 활용되는 용언은 상당이 만슴니다。이른바 ㅂ변격용언(ㅂ變格用言)이 전부이에 속함니다。ㅂ변격용언은 옛ㅂ자음용언인데 ㅂ음의자음이 탈락하여 모음만 남게되는 ㅂ바침이 생기는비 그것도 첫재음절에 붓기도하고 둘재음절이 「웁」으로되기도함니다。즉 「덥다」「더웁다」가 다 씨임니다。그중 민잔것을 표준어로 취하고 잇는것이 현행문법인데 물재형도 버리지는 못할것임니다。「더웁다」가 「덥다」보다마니씨이며 「추웁다」는 「춥다」보다 잘안씨이며하니 일률적으로 처리할 것이아니라고 생각됨니다。엇더튼간에 그원형은 「더우、추우、쉬우、미우…」지 「덥、춥、쉽、밉…」은 아님니다。물론 「덥다、춥다、밉다、십다…」도 아님니다。그런데 이 ㅂ변격용언가운데는 그것이 아주 단음절화한것까지도 잇스니 누(臥)구(炙)가튼말이 그럿슴니다。이런말은 ㅂ변격에서 ㅅ변격으로 번해가고 잇는것갓슴니다。그리하여 으어나즌모음활용의세를 다분이갓게됩니다。즉「구으、구어」「누으、누어」와가치씨임니다。당분간은

구으 ⌒ 굿는다   누으 ⌒ 눗는다   엿주 ⌒ 엿줏는다
구어   누어   엿줘
누우 ⌒ 굽는다   누우 ⌒ 눕는다   엿주우 ⌒ 엿줍는다
구워   누워   엿줘

가 강력하게 다루고지내게될것인데 아직은 그원형을 발켜쓴다 하더라도 마침내 견디지못하게 될것임니다。그러나「누어」와「구어」가튼말은 결국「눠」「궈」로 귀착되는것인즉 나즌모음형에서는 쪽가튼 어형으로 맛서러지고 맘니다。

ㅈ 첫소리 용언은 압모음활용에 잇서서 「추」를 이쓰면、압모음 단음절말도 「우」의 보강을 요구하는데 이런말들도

우위활용되는말의 ㅅ효를 눌러줍니다。(마즈→마추、마쳐→마쳐、씨→씨우→씨워등)

(五) 외왜활용

뵈오→봬라 됀다→봬라 쩌오→쫴라 뫼오→뫠라 쇠오→쇄라

뇌오→돼서 됀다→뫳다

가튼것을 외왜활용이라고하는데 이것은 요새입말(口話)에는 잘 맛슴니다마는 력대기록에 비춰보면 그형태가 참

말 가지각색입니다。례를 「봬」라는 말에취해보면

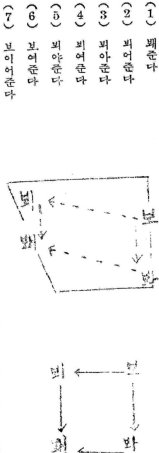

(1) 뱨준다

(2) 뵈어준다

(3) 뵈아준다

(4) 뵈여준다

(5) 뵈아준다

(6) 보여준다

(7) 보이어준다

이중에서 (7)울가장 문법적인 아정한 말씨라고 생각한것이 현재의문법이오(6)「보여」는 「보이어」(5)「뵈야」「뵈아」(4)「뵈여」는 「뵈어」의 속철、「뵈어」는 「보이어」와가치 해석됏든것임니다。그런데 필자의 활용

관으로 보면 뵈→봐 가튼 관계를가진 말인 고로 「봬」가 정작이라는 것이됨니다。

즉「보」의 명령형이「봐」며 변동사형이「뵈」인비「뵈」의 명령형이「봬」며「봐」의 변동사형이「봬」임니다。 이리하여「봬」라는 말은「뵈」의 ㅏ나준음형으로서 그리고「봐」의 압모음형으로서 맛서러집니다。그리고이말은 입 말의실제와 꼭맛슴니다。리론에도맛고 실제에도맛는「봬」가 정작일것임니다。그런비이「왜」라는 모음은「오」와 「아」와「아」의 세요소의 합친모음인고로 이것을 외아(외어)오여(오야)등으로 전환시킬수잇슴니다。즉 위에든 일곱가지 어형이 자유자재로 넘나들수 잇는 것임니다。

ㅗ+ㅣ=ㅚ   ㅗ=ㅗ+ㅣ

ㅚ=ㅗ+ㅏ=ㅗ+(ㅏ+ㅣ)=ㅗ+ㅐ, ㅗ+ㅓ=ㅗ+(ㅣ+ㅓ)=ㅗ+ㅣ+ㅓ=ㅚ+ㅓ

ㅗ+ㅏ의 모음전환했음。

「뵈어」「뵈야」는「뵈어」「뵈아」의 속형(俗形)이니 모음충돌을 피하기위하여반모음「ㅣ」가 삽입된것임、 ㅣㅓ는 양성적모음조화형、ㅜㅓ는음성적모음조화형、

국문의 모음자 제도는 참 신묘함니다。구미식 단모음 중모음론으로는 국어의 모음전환관계를 설명할수업지만 국 문으로는 마치 수학공식처럼 적용할수잇는 것이 국문의 모음자형임니다。「봬」는 원칙적으로「봐」에 통해야하 는데 국문에는 이 자를 쓴일이업고 이런 발음도 씨이지안슴니다。그러나「졔」의 전음인「뎌」음은 입말실제에 잘씨이는 반면「뎌」자를 써오지아는 관계상「졔」자로 충당케되는 것임니다。반절표(국문음도)에 과귀놔눠돠둬… 단이잇고 쟈겨놔눠놔둬…단이업는미 패케놰눼돼뒈…로써 속하기쌔문임니다。야와서, ㅕ와ㅔ는 서로 잘 전환될수 잇는 모음임니다。

걈름→개름 도야지→돼지 이야기→이애기 바얌 배얌…ㅑ→ㅐ 곳 샤→새

겨→게 벼루→배루 텨→혜 며누리→메누리…ㅕ→ㅖ 곳 뎌→졔

위단용언은 웨단으로, 나즌모음 활용하여 명령형 려체형 기연형등이 됩니다.

쉬오→웨라(뤠라) 뉘오→눼라(눠라) 된다→뭬ㄴ다(뒈ㄴ다)

쉬오→쉐라(쉬라) 쉰다→뭬간다(쉐간다)

위웨활용의 음리관계는 외왜활용의 그것과 비교해서 리해하십시오.

돈을 줴주시오.

술이 햇다.

의「줴」는「줴」의 양성화한 모음이니 取·醉라는 중국말을「위웨」활용에의하여「줴」로 굴절하고 그것을 강

모음으로 전환시킨것입니다.

이와가치 어형변화를 절대로 하지못하는 한자어에까지 활용(굴절)하엿다는것은 매우 조은현상입니다。이는 필

연코「취해」의 응탈탁→취애→줴가튼 순서를발버서 발달된것일텐데「취해」의「해」→「ㅓ」압모음 활용법이 곳

국어의특색임니다。나는 이와가튼것을 좀더발전시켜서 한자어의 동화(同化)에 힘써야한다고—그래야만 국어가

하게 시행하는것을 제창하는바임니다。 자유자재로 씨일수 잇슬것이라고 생각함니다。그래서 다음과가튼 활용법을 용감

「活發」이라는말은 그어형을 변할수업는까닥에「하」를 부처가지고「활발하다」「활발해라」「활발히」등으로

사용함니다。그런데 이어형을「활바리」로 째쓰려가지고 다음과가치 활용할수 잇스리라고 미더지는바임니다。

활바르니、활바르면、활바르오……原形

활바러라、활바럿다。활바러보자…… 나즌모음활용형(명령、기연、련용형)

활바리일하자 ……압모음활용형(부사형)

활발린다 ……거센자음압모음활용형(사동태)

활발려라 ……사동태의명령형

어원적원형을 고정해야 한다고 하는 현행문법관과는 하눌쌍가른 다름잇는 새로운 생각입니다。허나 우리말

이 절대로 고립적단음절어가 아닌이상 용언의 형태를 고정시키지못할것입니다。역지로고정시킨다면」 국어를

주겨버리는 결과를 초래할것입니다。

四、왜 나즌모음활용이라고 하나

위에서 말한 여섯가지 활용을 모음도 속에그려너어보면 다음과 갓습니다。

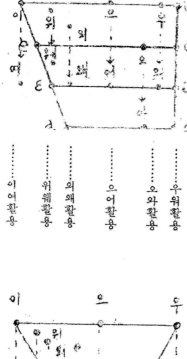

……우ㅟ활용

……오ㅘ활용

……으ㅓ활용

……의ㅙ활용

……위ㅞ활용

……이ㅓ활용

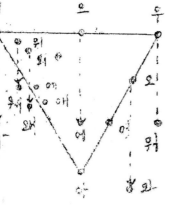

웃그림은 리국로씨의 모음도, 아랫그림은 최현배씨의 모음도를 참작하여 그려본것임니다. 아여섯가지 모음굴절

구체적인 그림으로 그려보겠음니다.

에서 한가지 원리를 발견할수잇슬것이니 혀노픈모음이 혀나즌 모음으로 굴절된다는 짐임니다. 이것을 좀더

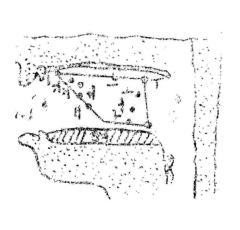

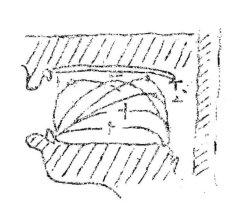

나의 국어문법관찰에의하면 혀를 노첫다 나첫다하는 것으로 대어(對語)를 만든다고 설명됨니다.

혀노픈소리… 자동 　　　런체형
혀나즌소리… 명령　：　런용형 　현재쏘는미래(미연형)
　　　　　　　　　　　　　　　과거　（기연형）

이 혀나즌 모음활용은 장차말하고자하는 혀압모음활용과 종횡(縱橫)관계를갓는것임니다. 세치(三寸)혀하나로 온갓

말이 다 표현되는바 혀의 상하(上下)운동으로써 대의(對意)를 구성하고 또 혀의 전후(前後) 신축(伸縮)으로써 대의(對意)를 나타낸다고 보는것이 필자의 관찰입니다。이는 반대의몸짓으로 반대의말을 나타내던 몸짓말의원리 그대로임니다。

五、나즌모음활용 못하는 말들

원형어미가 나즌 모음인 다음과 가른 말들은 그어미가 이미 나즌 모음인 까닥에 혀를 더 나쳐도 그것이 나른 모음으로 변하지 안습니다。

가(去) 놀라(驚) 사(買) 자(眠) 차(蹴·寒·佩·滿) 타(乘·燒·碎) 과(揶) 서(立) 거너(渡) 펴(伸)

버(出) 대(接) 놀래 재(眠) 채(蹴·滿·佩·冷浸) 태(乘·燒) 패(搁)

세(立) 건네(渡) 데(暖)

이런말들은 기연형이나 련용형에서는

잣다(가보자) 삿나(사간다) 찻나(차본다) 탓다、팟다、섯다、건넛다、볏다、건넷다、놀랫다、잿나、쳇다、댓다 (태버럿다) 팻다(패신나) 세보자、건넷다

가치돼서 나즌모음의 세를 과이 안나타내도 되지만 명령형 해라루에서는

가거라、자거라

가치 되기도하고

나아가서、내어라、대어라、채어라 떼어라

처럼「거」나「어」를 덧부쳐서 이음절(二音節)화하기도 합니다。이는 단음절어로서의 미충(未充)한뜻을 보강하

기위한 표현이라고 생각됩니다. 도리처 생각건대 나즌모음 활용이란 원형에 ㅓ모음을 합치는 문법이라고 관

찰하는 것이 좀더 통속적인 설명이 될지도 모르겠습니다. 즉 원형어미와 「ㅓ」모음과의 맛다림에의한 력학적인

합모음의 출현이라고 즉

으요현앗 ↘↙ 오 …… 으

오와현앗 ↓ 요

우어현앗 ↘↙ 우

오 …… 아

와가른 조어법이라고 푸는 것이 조을지도 모르겠습니다. 그러나 이러케 말하면 현행문법과의 차이가 잘나타나지 아니

서 오해를 사기쉬울것입니다. 또 「ㅓ」를 합친다고보면 「ㅓ」도 독립된단위를 구성하게돼서 (단어(單語)의 한계

가 달러지게돼서) 즉 ㅁ ㅜ ㄱ ─(ㅁ ㅜ ㄱ ㅓ)가른것을 한덩이의 말로보지안코 두덩이로 나눠서 설명

이 자못힘들게될것입니다.

문법의 설명이 글자를 비러가지고 비로소 할수잇다면 ─문법의설명을, 글자업시말로만 설명할수업다면 그문

법은 잘된 문법이아님니다. 글자의 힘을조금도 빌지안코 말소리만으로 설명할수잇는 문법이어야정상한 문법일

것입니다. 「핥어」 「달아」 「앉혀」가른것을 말로서는 도저이설명치못할것이니 ─글자를 써노코설명해야 겨우설

명할수잇게될것이니 이는 말아 음성으로 시작되고 음성으로 솟나는 것이라는것─글자에서 시작하여 글자로솟

나는것이아니라는것─을 생각지못한 잘못된 문법일것입니다.

六、 나즌모음活用의 문법적의의

(一) 명령형

머그→머거……나즌모음형자체로씨 명령형이 됨

머거라 ::「라」라는 명령의 토를 부치기도함

더거요 ::「요」라는 명령의 토를 부치기도함

이 명령형이 그 토의 말소리까지 일본말 명령형에 통한다는 것은 이미 말한바임니다。그런데 공대에 잇

서서는 원형이 그대로씨이나

머그시오、 안즈십시오、다드시웁소서

와갓습니다。일본말도 공대의 명령형은 다름니다。

食へ（ヨ）　　　　　　食ヒナサイ

坐レ（ヨ）〉명령형（해라）　坐リナサイ〉공대

(ㄴ) 기연형

지난쌔를 나타내는 ∧은 나즌모음형에만 붓슴니다。밧궈말하면 나즌모음형은 기연형임니다。

머거스다、머거스소、머거스습니다。

지난쌔를나타내는 ∧바침은 현재를 나타내는 ㄴ(또는 는)、미래를 나타내는 ㄹ과 대가돼가지고

혀새바침이 그 대음성（對音性）으로 시간의 대를 나타내는 것임니다。∧이 과거、ㄴ이 현재를 나타내는 이

어법은 ㅂ（합니다）이 과거、ㅁ（함니다）이 현재를 나타내는 것과 관련되는 것임니다。음향（音響）이 비슷한 ∧

ㅂ이과거、그리고 ㄴ、ㅁ이 현재를 나타내는 것임니다。

ㅅ이항상 나즌모음형에 싸르는 것을 현행문법에서는 「였」으로 써서 과거의「토」로쓰고잇슴니다。그러나「어」

는 과거의 조사가아니고 ㅅ만이과거의 조사임니다。ㄴ만이 현재진행의토고 ㄹ만이 미래의 토인것과 마찬가

지임니다。

ㅅ은 활용하는 토임니다。「머것스면」→머것서요→머것섯서요 와가치 ㅅ→ㅅㅅ→ㅅ서→ㅅ섯스→ㅅ섯서……등으로
변합니다。ㅅ은 모마자의 S 와갓다고 생각할수잇슴니다。S 는 「스」라고 할만한음임니다。그런즉 ㅅ바침의
원형을 「스」라고 생각해도 무방할것임니다。「스」의 나즌모음활용형은 「서」임니다。그런즉 「ㅅ스」라든가 「ㅅ
섯스」는 모두 ㅅ를 겹쓴(薰用)것이니 겹쓰면 그만큼 더지나간쌔(大過去·過去의過去)를 나타내게되는것임니
다。

(三) 부사형(련용형)

「어」가 부사형(좀더분명이말하자면 「부사적수석어」)형이라고는 최현배씨 문법에 이미 지적된바며 (씨는 활용
의문법적 의의가업다고하면서 「어」의 문법적의의를 인정하엿슴)이것을 련용형이라고 량주동씨는 말하엿슴니다。

머거보자 안저잇다가 거러가자 올라오너라
머거보자 안저잇다가 거러가자 올라오너라

위의 점짜근 말들은 용언(用言)입니다。「머거, 안저, 거러, 올라」가튼 나즌모음형은 아래의용언을 수식하고
잇슴니다。

이상 세가지 형이 나즌모음형의 현저한 문법적직 능임니다마는 이에 그치는것이아니니 우리 말의 토가 너
무도 다양다색하여 단순하지안키색문임니다。

최현배씨 조사분류에 의하여 나즌 모음형에만붓는 토를 조금더 드러보겟슴니다。

(四)、 허튼쌀、 무룸쌀、 쇠임쌀

머거나보자 안저나볼가 놀래나줄걸……허튼뜻의 「나」는 나즌모음에 붓슴니다。

머거? 머거요? 안저? 안저오?……반문하는 「요」가부름

가치머거요。네ㅣ 가치안저요。네ㅣ……쇠는 토「요」도 나즌음에부름

(五)、미침쌜, 싸닥쌜, 다짐쌜

가서일하자、안저서머거라   …「서」는 미침(到及)의 토

가서섭섭하다、안저서잘못됐다   …이쌔의「서」는 싸닥(原因)의 토

머거도맛을모르겠다、가도못맛날걸…「도」는 다짐쌜의 토

(四)(五)의 해설에서 불확실한점을 늣길것입니다。이는 우리가 토에대한 판단력이 부족하기쌔문입니다。문법애 천재가 나타나서 토에대한 체계를 완성해노키전에는 그분류가 불가능합니다。최현배씨가 활용의문법적 의의가 업다고한것은 그것이 단순하지안타는것을 지적한것입니다。그래서 필자는 토를가지고 아름짓지안코 허짓을가지고 이름지어「나즌모음활용형」이라한것임니다。

[문 제]

1、나즌모음활용이란 엇던것인가 례를들고 설명하라。

2、나즌모음활용에는 멋가지종류가잇나 례를들고 말하라。

3、나즌모음활용의 문법적뜻을 말하라。

제四장 동사의 태

一、알기어려운 태의 가름

우리나라 문법학자들은 국어동사의 태(態)를 론하는데 큰 고생을 하엿습니다。자동사와 타동사의가름은 영어의 그것—객어(목적어)의 잇고업슴—을 모방한것이고 피동사와 사동사를 가른것은 그것도 역시 영문법(라전문

법)의 Active 와 Passive 가름을 모방한것입니다。그러나 국어의성질은 스스로 독특하여 이러한가름이 쭉드

러맛지안슴니다。그래서 다음과가른 여러가지 술어가 사용되게 됏슴니다。

자동
타동
사동
피동
능도
수동
가능 可能
추성 遂成
사동
피동
주동
주동
유의 (有意)
무의 (無意)

그러나 그 어느것도 완전한표현이 되지못해서 문법책(文典)을 쓰미는사람들을 무한이 피로햇스니 박승빈씨가

ㅡ수동대나 사역대되는 문법은 매우 다단하고 산란하고 불확실하여서 문전정리상 가장 곤난한바니 조선어

문법중에 유일한결점이라。옥에 한점의 티가 잇슴이니 앗갑고도 유감되는바로다。(조선어학二九〇면)

고 한것이라든가 최현배씨가

「시킴(使動)에는 「이」、아붐(被動)에는 「히」가 가장 첫재가는 중요한 대표적 도움줄기(補助語幹)요 그나머지는

다 이것의 변성이라고 볼수잇다。그러나 가장 싹한일은 엇던경우에 엇던 도움줄기가 씨인다는 통칙을 도

모지 세울수업다」(한글갈五四一면)

한것을 봐서도 짐작되는 바임니다。

나도역시 이곳에이르러 다년간 머리를 뤠쓰더가며 전전불면하고 생각하엿섯슴니다。

그결과 종래의 관찰을 일척(一擲)하고 전연새로운 체계를생각해벗스니 그에대하여 차차말하겠슴니다。

二、맛지안는 자타동

목적어(目的語、客語、object)가 잇서야하는 동사를자동(自動)그러치 아는것을 타동(他動)이라고하는 국문법은

국어사용법칙연구에 아무런 도움도되지안코 도리어 현란을 이리킴니다。즉

벌을 쉬오。

의「쉬」는 타동사고
노루가 쉬오

의「쉬」는 자동이라하는 싸위는영어의 Transitive와 Intransitive를 배우기 위한 문법은될는지 모르지만 국어문법

에는 별로진요를 늦기지안는 가름(分類)입니다。「노루가 쉬오」의「쉬」도「노루가 쬠을 쉬오」와가치생각하면

타동사가 되기쌔문임니다。요컨대 국어의동사는 자타동이 확실치안슴니다。(일본말도 그려함)

그러즉 국어의동사는원동사(元動詞・原動詞)와 변동사(變動詞)로 가르는 정도에그쳐두는 것이 조을줄 암니다。

三、 태롤 변성시키는 방법

이색까지의 문법학자들은 동사의 어간에「이」나「히」를 부처가지고 사동(使動)이나 피동(被動)을 나타낸다고

설명해왔슴니다。즉「먹는다」의「먹」에다가「이」를부처면「먹인다」가 돼가지고 시킴(使動)을 나타내고「히」를

부치면「먹힌다」가 돼가지고 이봄(被動)을나타낸다고 설명하여왔슴니다。

이오⋯이는 사동을만드는 조동사(助用詞・補助語幹・더음)

먹,히오⋯히는 피동을만드는 초동사 (金勝彬)(崔鉉培)(朴允經)

먹이오。먹히오。의「이」와「히」는 일본말의 セル、レル와 비교됫던것임니다。

食ハ〜セル⋯セル는 使役의 助動詞
レル⋯レル는 ウケミ의 助動詞

필자도 처음에는 이러한 설명을그럴뜻한설명이라고 듯고 잇섯슴니다。그런데 이방법을 다른동사에 응용해본결

파 나음과가튼 놀라운 사실을 발견하엿습니다。

死 인다(殺) 負 ?
죽∧ 업∧
? 힌다(使・被를겸함)

消 인다
녹∧
힌다 ∨둘다 使動

즉「죽인다」가튼 말은 사동이라기보다는 전연반대되는말이고(死∵殺)「죽힌다」라는말이씨이지안흐며「업힌다」는

사동도되고 피동도 되는데「업힌다」라는 말이 씨이지안코「녹인다」「녹힌다」는「이」와「히」가 다씨이기는 하엿

지만 그대가 쑥갓습니다。

그리고 여러가지로 조사해본결과 먹∧한인다 와가치「이」와「히」가 나타나씨어서「이」눈시킴을 나타내고「히」

는 이봄을 나타내는 말이 도모지 업다는것~「먹는다」는 말하나뿐이라는 놀라운 사실을 발견하엿습니다。그런

즉 일본 말에 잇서서 セル와 ルル가

シ∧セル コロ∧セル ト∧セル
死ナ∧ 殺サ∧ 負ハ∧
レル レル レル

와가치 전반적으로 씨이는 것과 국어의「이」「히」는 그성질이 다르다는 것을 인정해야 할것압니다。도리켜생

각건대

꼿힌나(被挿) 앉힌다(使坐) 잣힌다(使凮、使傾)

セル ウ∧セル ト∧セル
溶カ∧ 打夕∧ 飛バ∧
レル レル レル

가튼새의「히」라는것은 우리조상들이 일지기 상상치도 못한 것이엿습니다。이런것을 우리는

쇼친다。안친다。자친다(쏘는 재친다)

오。발음하며 그발음속에서 말뜻을 불립업시 헤아리되「히」라는 것을 부착 시켯다는 의식이 전연업슴니다。언

어가 초험적(先驗的) Apriori인 신수(神授)의것이라고는 밋기어렵슴니다。만약 그럴진댄 언어는 배

우지아니도 알수 잇서야 할것이며 외국말도 곳 리해돼야 할것아님닛가。 그러치안코 언어가 음성이라는 형식에

어느내용을 결부시켜서 만든 사람사이의 약속부호라면 그보호(소리)의 부터잇는 뜻을、 말하는사람이 인식하고

잇슬것입니다。「풋친다」「앉한다」「맞훔법」「밧힘」가튼 말에 씨인「히」나「후」는 결코 현실적인 고찰이아님

니다。그런즉

가튼 용법이 일어의 セル、ルル 용법에해당하는 것이지「이」「히」의 첨가가아닐 것입니다。그리고

먹〈게한다
　　게된다　　머기〈게한다
　　　　　　　　게된다　　머키〈게한다
　　　　　　　　　　　　　게된다　　죽〈게한다
　　　　　　　　　　　　　　　　　게된다　　주기〈게한다
　　　　　　　　　　　　　　　　　　　　　게된다

너미〈쓰린다
　　진다　　서머〈쓰린다
　　　　　　　진다　　잣바〈쓰린다
　　　　　　　　　　　진다

미거진다、주거진다、아너진다……가튼용법은

접미(接尾)의 첨가로 된말이지만「머기、머키」가튼말은 분리할수업는 한 단어입니다。「이」「히」의 첨가가

아닌것을「이」「히」의 첨가라고 관찰하엿고「이」「히」와 일본말의 セル、ルル와가 갓지아는것을 갓다고 관찰

한 결과 박승빈씨는

「다、단、산、란、불확실한 유감된 어법」이라하엿고 최현배씨는

「롱칙을도모지 세울수업다」한것입니다。

문법이란 롱칙을 찻는 학문입니다。롱칙을 찻지못하엿스면 찻지못하엿다고하는베그쳐야 자기가 찻지못하엿다고

해서 롱칙이업다고하거나 다단하고 산란하고 불확실하다고해서는 안됩니다。그런즉 엇더케든지하여 롱칙을세우는

데 노력하는것이 문법연구자의 할일입니다。잔것은 버리고 굴근것을가며서─잔것은 차차 연구하기로하더라도 큰

것만은 바로 차저놔야합니다。

이러한생각아래 쑤머본것이 다음에 말하고자하는 「압모음활용」과 「거센자음압모음활용」임니다。이생각은 이쌔쌔

지의 학자들이 쯤에도 생각지못하던 새로운 생각이니 잘 검토하시기바람니다。

〔문 제〕

1、 동사의 태를 변성시키는 방법에엇더한 것이 잇는가

2、 자동과 타동을 엇더케 구별하여왓나

제 五 장 압도음 활용

一、 압모음활용이란무엇인가

압모음 활용이란

(一) 찬다→챈다(차→채) 판다→팬다(파→패)

더그오→머기오(그→기)주고오→주기오(그→기) 〉…변동사를 만듬

(二) 노프→노피、기르→기리、구드→구디(구지)……명사나 부사를 만듬

가튼 어미활용을 일컷는 것임니다。이쌔까지의 문법학자들은 이것을 모음활용으로 관찰치안코 「이」의 첨가로

관찰하엿스니 위에 몌시한말의 구성이

차이→채、 파이→패、 먹이、 죽이、

놓이、 길이、 굳이

와 가치 관찰 햇던 것임니다。 즉 「이」라는 조어(助語)를 첨가시켜서 되것이라고 관찰하엿슴니다。 그것을 필자는 전적으로 부인하고 모음의 활용으로 되는 것이라고 관찰하는 것임니다。

二、 압모음활용의 종류

압모음활용도 여섯가지가 잇소니 그종류와 례를 표로써 뵈겟슴니다。

종류	모음활용 상향	실제 어례
아애활용	ㅏ→ㅓ	찬다→챈다 싼다→샌다 탄다→탠다 판다→팬다
어에활용	ㅓ→ㅔ	서오→세오 건너오→건네오
소외활용	ㅗ→ㅚ	보오→뵈오 쏘오→쐬오 쏘오→쉬오 쏘오→쐬오
우위활용	ㅜ→ㅟ 기	두오→뒈오 눈다→넌다
으의활용	ㅡ→ㅓ	쑤오→쉬오 쓰오→씌오 크오→킈오 트오→틔오
으이활용	ㅣ→ㅣ	머그→머기 주구→주기 노프→노피 널브→널비

三、 왜 압모음활용이라고 하나

위에 례시한 여섯가지 모음굴절을 모음도에 그려너어보면 다음과 갓슴니다。

즉 뒷모음을 압모음으로 옮겨가는 어미활용임니다。 그래서 압모음활용이라고하는 것임니다。

이 압모음활용은 거센자음활용과 함께되기도합니다。 이에대하여는 「거센자음 압모음활용」이라는 이름아래 다시

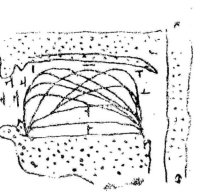

문하겟슴니나마는 이와가치 관찰함으로써 이새까지의학자들이 「다단、산란、불확실、도모지 롱칠을 차츰수업다」

고 생각하던것이 잘못된생각이고 대단이 조리정연한 법칙아래 말이만드러지고 잇다고 말할수잇게됩니다。

이는 곳 혀의 압뒤짓으로—혀를 한번쎅부리고 한번펴는것으로—일진일퇴시키는것으로 대어(對語)를 조작(操

造作) 해나가는 어법이니 이른바 대음대어의 나타남입니다。

좀더 세밀한 관찰을 하여보겠슴니다。

四、아애활용과 어에활용

활용(動詞의)을 론하기전에 상편「국어의특질」에서론한 대음대어의특질중「아→애」「어→에」대모음으로 대어만

든것을 다시한번 생각해 보겠습니다.

쑥지를싸면 써러지는비 써면봇는다.(ㅏ→ㅐ) 종기를싸면 쑤러지는데 구멍을새면 매킨다. 밀을갈면 가루가되

고 가루를 개면 개떡이된다(ㅏ→ㅐ)

장마가 가면 비가오고 장마가 개면 비가그친다(ㅏ→ㅐ) 자리를찬다. 자리를깬다. 눈을 감는다. 잠아싼다. 그

롯에 금이가면 쌔진다.(ㅏ→ㅐ)

싹 쑥하게 불을뺀다. 나는(內向的)…내가(外向的)(ㅏ→ㅐ)

「너는」과「네가」「저는」과「제가」。통이 터지지안께 테를 메운다.(ㅓ→ㅔ)

울라간다. 내려온다. 박는다. 아버지→애, 자로 잰다. 찬물에 챈다.(ㅓ→ㅔ)

↓샌다.(ㅏ→ㅐ) 구먹을 멧군다.(ㅓ→ㅔ) 마개를 막는다

아와가튼 말에나타난「ㅏ→ㅐ」내지「ㅓ→ㅔ」의 대립된관계를 다음과가튼 변동사만드는법과 비교해봅시다.

알을쌋다 →알을쌨다…ㅘ→ㅙ

쌈이난다 →쌈을낸다…나→내…ㅏ→ㅐ

마뚜닷는다 →마주댄다…다→대…ㅏ→ㅐ

놀란다 →놀랜다…라→래…ㅏ→ㅐ

잠을잔다 →잠을잰다…자→재…ㅏ→ㅐ

거더●찬다↓거더 챈다……차↓채……ㅏ↓ㅐ

주머니찬다↓주머니챈다…차↓채…ㅏ↓ㅐ

불탄다↓불탠다……타↓태…ㅏ↓ㅐ

말탄다↓말탠다……타↓태…ㅏ↓ㅐ

혹판다↓혹팬다……파↓패…ㅏ↓ㅐ

이러선다↓이리켜센다……서↓세…ㅓ↓ㅔ

건너간다↓건네준다……너↓네…ㅓ↓ㅔ

위에 예시한 동사 변성법은 확실이 모음활용에의한 것이지 결코 「이」의 첨가가아님니다。그런데 이것을 온
통「이」가첨가 돼가지고 그것이 합모음된것 즉 다음과가튼 문법에 의거하여 된 말이라고 설명하는것이 현행
문법임니다。

싸인다↓쌘다   나인다↓낸다   다인다↓댄다   놀라인다↓놀랜다   자인다↓잰다
차인다↓챈다   타인다↓탠다   파인다↓팬다   서인다↓센다   건너인다↓건낸다

이런 역설이 왜 생겻느냐하면

먹인다 죽인다 녹인다 높인다 붙인다 없인다
와가치써노코「이」라는것을 인정하기쌔문임니다。그러나 한번 다시생각하여 「이」를 인정치안코 모음단 활용으로
브개되면 이러한 무리한 해설을 하지아너도 되는것임니다。

만약 숏숏내「이」첨가를 주장한다면

싼다∴쌘다、간다(磨)∴갠다。장마가간다∴장마가갠다。자로잰다

가른 · 말씨지 「싸인다」 「가인다」 「자인다」의 합모음된것이라고 해야 할것임나다。 나의 이러한설명을듯고 리히승

씨는 어원론과 동사의대변성과를 혼동하는 것이라고 반박하고 슷슷내 「이」첨가동사변성법을주장하엿는데、 어원론과

동사변성과를 일반으로 생각하는것이 엇재서 안된다는 것인지 리해하기 자못 곤난합니다。 동사변성도 가른어원을

가진 말의 발전일것이지 동사변성이 어원을 달리한 말사이에 이뤄질 리치는 엽는 것임니다。 동사변성의 정역한

법이 대음대어법이라는 큰 법칙중의 가장 조직적으로 발달된것이라고 생각해서 왜안된다는 것인지 재삼 생각해

도 알지못하겟슴니다。

아애활용과 어에 활용은 다음 「와왜」 활용과 「워웨」 활용에이르러서더욱 그것이확실해짐니다。

와왜활용

박라→배라   쫘라→쫴라
            솨라→쇄라
            쏴라→쐐라

잣다→쟀나
왓다→왯나
            왓다→웻나

워웨활용

뉘라→눼라   쉭라→쉐라

이런싸의 「뱅」「쌕」「햅」「쇄」「쒜」「쫴」「쎼」가른말은
「빅、씩、떡、섹、늭、믹、뉘、쉭」가른말의 나즌모음활용이라고 이미말한바잇기로 이것을 압모음활용의 종류에
는 너치아녓스며 이것은또 「아애」 「어에」 활용속에 합처서 말할수잇는 것이기에 압모음활용의 종류에너치아는것임니
다。그러나 다음가른 그림으로 이미설명한바와가티

본   뵈←보   貸借   숴←쑤
     뵈←봐   웨←쒀

一五〇

「와 왜」「워 웨」두 활용을 무시치못할것임니다。이쌔의「왜」「웨」가튼말의유래를「봐인다」「쉬인다」에구할것이겟슴
닛가 즉「봐이→왜」「쉬이→웨」와가치된것이라고할것이겟슴닛가。「이」가첨가된다고 본것은확실이 잘못이엇슴
니다。「이」의 첨가가아니라 압모음으로의 모음굴절이엇던것임니다。

五 오와활용과 우위활용

오른편→왼편 온(全)→외로 울라→외다 오냐→웬결
의「오와」대음대어는 참묘함니다。다음으로「구기」대음대어를 엿보건대
감취 둔다→뒤어(웨)낸다。물을붓는다→그릇을 뷘다
돈을쑨다(借)→돈을썬다(貸) 구멍에썬다 주먹을 쥔다
가튼 재미나는 례가 잇슴니다。이「오와」「우위」대음대어조작법의 완성된것이 다음과가른동사의 변성법임니다。

노를 쇼오→노가 쒠다……쇼→쇠……ㅗ→ㅚ
책을 보오→책이 뷘다……보→뵈……ㅗ→ㅚ
돈을 모오→돈이 뮌다……모→뫼……ㅗ→ㅚ
빌이 쏘오→빌에게 쐬다……쏘→쐬……ㅗ→ㅚ
새가 쪼오→새에게 쬔다……쪼→쬐……ㅗ→ㅚ
돈을 꾸오→돈을 쒼다……꾸→쒸……ㅜ→ㅟ
드러 누오→누어 뉜다……누→뉘……ㅜ→ㅟ
풀을 쑤오→풀을 쒼다……쑤→쒸……ㅜ→ㅟ

나누오　나뉜다　……… 누→뉘

ㅜ→ㅣ

위에 례시한 말들은 쏘 「이」 첨가법으로도 씨입니다 즉

쇠인다、 보인다、 모인다、 쏘인다 쏘인다

쑤인다 누인다、 쑤인다 나누인다

와가 치서이기도합니다。 특히 문자언어에 잇서서 그렷습니다。 그러나 무의식중에 말하는 입말에서는 「쇠、 뫼、 믜、

쎠、 쇠、 쒸、 뷔」가튼 말이 더 잘 씨입니다。 나는 「이」가 씨이는것을 변체(變體)라고 생각함니다。 그리고 「아」로 분

리하는 것은 그 동사가 닫음절어인데서 생기는 이음절(二音節)화의 작용이오 문자언어가 그 원형을 지키려하

는 보수성에서생기는 편법(便法)이라고 생각함니다。

「오른편∷원편」의 「오∷외」가 모음굴절로된것과 똑가튼 압모음활용의 나타난것이라고 보는데서 그리고 「아애

「어에」 활용과 일관된 음성굴절이라고 보는데서 「오외」 「우위」 활용을 추장하는바입니다。

「쑨다∷현다」의 「쑤」와 「쒸」는 중국어에잇서서는 「借∷貸」 영어에잇서서는

borrow∷lend로 이원적(二元的)이지만 국어는 「구∷쒸」로 일원적 대음대어물 이루고잇스니 일본말의 カル、カ

ズ 조어법보다도 일층더일원적임니다。 이는 중국어의 死∷殺 영어의 die∷kill 일어의 シヌ∷コロス가튼 이원적

조어법이 「주구∷주기」의 일원적인 조어로 된것과 마찬가지임니다。

쑤→쒸는

ㅜ→ㅣ

주그→주기는 ㅡ→ㅣ

∨로압뒤모음의대로써 대어를 만든 것입니다。

六、 ㅇ의활과 ㅇ이활용

一五二

쓰浮 트開 쓰用書帽 크大 눌르壓 프發花의古語 건느渡 스立

가튼 바침과 관계업는 으단용언은 다음과가치 활용하여 변동사를 만듬니다。

原形	變形其一 第二次的變形	위의俗綴 現行法一 其二	現行法		
쓰	썬다	써다	씨인다	쓰인다	씌운다
트	턴다	턴다	티인다	토인다	틔운다
크	컨다	킨다	키인다	크인다	킈운다
눌르	눌튄다	눌린다	눌러인다	눌르인다	눌릐운다
건느	건넌다	건넌다	건너인다	건느인다	건늬운다
스	션다	신다	시이다	스인다	싀운다

(씻이 「편다」의「ㅍ」는 씻이 「핀다」와 가치 「피」로 변하엿슴、「으→이」변천임。「스」는 「서」로 변해가고 잇슴)

위의 여러가지 형태에서 으→의(其一)활용이 가장 근본되는 활용형이라고 필자는 보고잇슴니다。「아、어、오、우」가 「애、에、외、위」로 활용한다면 「으」는 의당 「의」로 활용해야 할것입니다。

그런테 이러케 활용되던말이 근래에와서 급자키 으→이(二次的)활용을 취하게됏스니 이는 「의」모음이 「아」모음으로 음운변천(音韻變遷)한 세문일 것입니다。

일거(日氣) 긔차(汽車) 긔탄(柴炭) 최중(輜重) 곤븨(困憊)

一五三

나븨(蝶) 죠희(紙) 여긔져긔 그와집

가튼말의 「의」모음은 모두 「이」모음으로 변하엿슴니다。

옥희(玉姬) 순희(順喜) 횐옷

의 「회」까지도 요새와서는 「히」로 변하고 잇슴니다。이러한 변화는

車(챠) 률(셔) 쇼(失、小) 슈(收)

가 「챠、쳐、쵸、슈」로 즉 「야、여、요、유」의 일부가 「아、어、오、우」로 **단순화된** 뒤를이어서 생겨난 국어음

운변화의 중대한 한가지임니다。이러한변화는 일본말에서도 볼수잇스니 ヤ、コ、カ、イ、コ、オ로 그리고 ヤ

행의 구개음 イ、コ가 단순한 イ、コ로 변한것이 그것임니다。국어의 「의→이」변천은 일어 수입이후 더 현저

해진것갓슴니다。

이 「의→이」음운 변천사실을알면

-: 주긴다、머긴다、노핀다、

가튼말이

주그→주긔→주기、머그→머긔→머기、노프→노픠→노피

와가튼 경로를발버서 이뤄진 말이라는것을 상정(想定)할수 잇는것임니다。

이리하여 「으의」활용을 결국 「으이」활용에 통하는것임니다。그런즉 위의표 현행법첫재쫄

쓰이、트이、쓰이、크이、눌로이(누르이) 스이

가른 「이」첨가법은 잘못된관찰임니다。그리고 현행법 둘재쫄

떠우、틔우、씌우、켜우、눌릐우、건늬우、여우

씨우 티우 키우 눌리우 건너우 시우

로 관찰되는 것인데「우」는 압모음의 세(數)를 뚜려시하기위하여 첨가되는 보강(補强)의 조음(助音)이지「우」

에 동사변성직능이잇는 것이아님니다。현행문법에서는「우」까지 도움줄기(補助語幹)로보고잇지만「우」는 엄서도

달러지지안는 것인즉 그리고 웃말의소리를 원형대로가진채「우」를 부치지 못하는 것인즉——우를 부첫댓자 웃말의

뜻이 변하지안는 것인즉——착각하지안토록 주의해야합니다。

즉「쓰우、트우、쓰우」와가치 쓰지못하며「씨우(씌우)티우(틔우)키우(킈우)」에서「우」를 제외해도 말뜻의 변함

이 엄는 것임니다。

「으이」활용은 압모음활용중에서 가장 중요한 활용이며 현행철자법과 현저한차이를 뵈는문제거리의——문제의 초

점이되는——문법학자들이 충분이연구해야할——우리말의 생사——우리글의 생사와 직접관계되는 중요한 활용임니다。즉

모든바침되는 용언에「이」나「히」가부터서 뜻을고친다고(동사변성、명사만들기 부사만들기둥)생각하던것을 전부인

하고 모음활용베지 자음활용에의하는 것이라고 보게되는것이니 특별 류의하여 검토해야합니다。

다시 말하거니와「으이」활용이란 다음과가튼 것을 말하는 것임니다。

(一)단순한「으이」활용으로 동사나 형용사를 명사로만드는 례

미그。……아침머기 지녁머기 닥머기

노프。……노피가 얼마냐

널보。……널비룬 조사한다。

바드。……삼바지(디・지) 덤바지。바지랑대

부트……일가부치。 쇠부치。 부침개질(티→친)

(二) 부사를만드는례

노프……노피。 올린다

기르……기러。 빗내자

야트……야치(티→친)무더라

구드……구지(디→지)사양한다。

쌀르……쌀러 오너라

(三) 동사의 때를변성하는례

머그→머긴다

노그→노긴다

시그→시킨다(거센자음 활용이겹친것。아하 가뜸)

어브→어편다 이브→이펀다 저브→저펀다

안즈→안친다 쇠즈→쇠친다 언즈→언친다

바드→바친(티→치)다 무드→무친다 구드→구친다 다드→다친다

(동사의 태변성에는 거센자음활용을겹치는것이 원칙임)

(四) 형용사를 동사로 만드는례

널브→널펀다 조브→조펀다

노프ㅇ→노핀다
야트ㅇ→야친(터→치)다
발그ㅇ→발킨다
불그ㅇ→불킨다

(역서 거센자음활용이 걸치는 첫이원척임)

이러한 여러가지 어미활용이 다 ㅇㅇ이활용에 속하는 것임니다. 이 ㅇㅇ이ㄴ 활용은 문제가 큰것이기에 조금 더

부연해서 말하고자함니다.

六. 원형에 대한 재검도

용언의 원형이란 말이 흐너 씨이는비 그 뜻이 확실치안슴니다. 즉 「먹는다」는 말을 때로 생각해본다면

먹
을 가지고 원형이라는 것인지
먹나

먹
룰 가지고 원형이라는 것인지 분명치 안슴니다. 그러나 대체로 봐서 「먹다」가、 원형이고 「먹」은 「먹다」 라는

단어의 어원격어간(語源的語幹)이라고 생각하는것 갓슴니다. 그러나 이미 여러번 말한것가치 「먹다」가 엇지 원

형이겠슴닛가 「먹다」나 「앉다」가 원형이겠슴닛가

「먹다」나 「앉다」가 원형이 아니라는 리유를 멋가지 드러보겠슴니다.

(첫재)... 「먹다」나 「앉다」는 한 단어가 아닌것 즉 「먹+다」 「앉+다」와가른 두단어의 부른것

（둘재）… 「먹다」나 「앉다」가튼 동사는 정상한 말이아니고 형용사적 표현이라는 것

（셋재）… 「먹다」나 「앉다」를 가지고는 쏫이 온전이 담기지 안는 것

（넷재）…옛날사전 즉 옥편이나 훈몽자회가튼비에 「머그」「안즈」로 돼잇는 것

조금더 설명을 가하겠슴니다.

（첫재） 「먹다」 「앉다」의 씨인 「다」는 「슬프다」「아프다」(形容詞)에 씨인 「다」와 쏙가른 로입니다. 그리고 「슬프다」「아프다」에 씨인 「다」는 「소다」「개다」(名詞)「하나다」「열하나다」에씨인 「다」와 또 쏙가른 로입니다. 이에대하여는 리히승회도 그러타고 하엿슴니다. 그러면 「소다」「개다」가 한단어로「소」「개」라는 단어에 「다」라는 단어 (로) 가부튼 것이겟슴니다. 나중생각이 오를것임니다. 싸러서 「슬프다」「아프다」가튼 말도 「슬프」「아프」라는 단어에「다」라는 「로」가 부튼것일것이며, 그런까닭에「먹다」「앉다」「먹다」「앉」十다」와가른 두단어의 부틈일것임니다. 그런즉 「먹다」에서 「먹」「앉다」에서 「앉」이 원형이라고 말한다면 모르거니와 「먹다」「앉다」가 원형이라고 하는것은 울치 안슴니다.

만약 「먹」「앉」 으로써는 말이완성되지못하닛가—뜻을 온전이 실지못하닛가—「먹다」「앉다」로써 원형을 심는 것이라면 엇재서 하길 「다」라는 로를 부쳐야하는지 그리유가 잇서야할것임니다. 즉 「다」는 「해라루요」

「문장루」의 쏫토인비 이것이 원형어미(어미라는말앤는 증거를 말할수잇서서야할텐비 원형어미 미될 증거(자격)가 하나도 업슴니다. 내생각가터서는 「오」가 오히려 원형어미될 자격이 잇는 「로」라고 생각됨니다. 즉 「머그—오」「안즈—오」를. 원형어(原形語)라고 생각하는것이 「먹다, 앉다」를 원형어라는 것보다

훨신 자연스럽다고 생각함니다. 왜냐하면 「오」는 입말의 대칭(對稱)이고 훨신 옛말다운(古語式)말법이기 새문 이며 「오」는 형용사에나 등사에 쏙가른 뜻으로 잘씨이는 로기새문 임니다. 형용사의 「자그오」(小)라는 말과

동사의 「주그오」라는 말은 쪽가튼 말루임니다。 그런비 형용사의 「작다」와 동사외 「죽다」는 그말루가 갓지 안슴니다。 「죽는다」라고 말해야 「작다」라는 말루와 가터짐니다。

(둘째) 다시 말하거니와 「먹다」라는 「먹는다」「안는다」(앉는다)로 고처써아 형태의정상을 유지하는 것임
니다。 문법은 형태의 학문임니다。 형태를 무시한 형태분별을 하지못한 문법학설은 유치한 문법론임니다。 「먹
는다」「안는다」를 「먹다」「앉다」로 말해도 괜찬타하는것은 「작다」「크다」를 「작는다」「큰다」로해도 괜찬타
는것과 다찬가지 론법이니 말안되는 억설임니다。 「작다」라는 형용사용법은 업고 「작는다」「큰다」라고하면 형용사가
아니고 동사임니다。 「크다」는 아주・다름니다。 싸러서 「먹다」와 「먹는다」가 아주 다르며 「앉다」와
「앉는다」가 역시 다름니다。

(셋째) 「먹다」「앉다」「불다」「부름다」「쩔다」를 가지고는 말의 뜻이 분명이 나타나지 안슴니다。 말의 뜻이
나타나지못하는 어형을 골라서 원형이라고 한다는것은 우스운 일임니다。 이런말은

머그오、 안즈오、 부트오、 부르토오、 찌으오、 쓰는
머금니다、 안즘니다、 부름니다、 부르틈니다、 쪼는
머그、 안즈、 부트、 부르트、
찌오、라고해야

비로소 뜻이 쪽쓰기 나타남니다。

「앉다」의 받침을 아러버려면 불가불「안즈」라는 말을 해봐야 합니다。 「안즈」라는 말을 생각지안코는
「앉다」의 뜻바침은 절대로 나오지안슴니다。 「불」의 ㄷ도 「부트」를 말해봐야되고 「없」의 ㅄ도 「업스」라는
말을 생각해야 합니다。

(넷째) 차르한(寒)오르래(來)더우르서(暑)가르왕(往)에 씨인 사이르내는 아무런뜻도업고 그 웃달이 국어머라아

一五九

래소리가 한자의 음이라는 것을 나타낸 것입니다。 그런즉 안즈ㄹ좌(坐) 업스ㄹ무(無)에 잇서서

「안즈」「업스」를 국어의 웃듬쯤(原形)으로 우리조상들은 생각하엿던것입니다。

요컨대 용언의원형은 ㄹ을 부처가지고 그우에나나타나는뜻이 원형이니 「오」「면」「ㅁ니다」가튼 토를 부처도

원형이 나타남니다。이석의원형이란말은 중심형〈中心形〉이라든가 대표형〈代表形〉이라든가 근본형(根本形)이라든가의

뜻을가진말이니 원형이 토대가돼가지고 어형이 변화되는것입니다。「먹는다」는 말의 본체(Root나 Stem에해당)되

는말인「먹」은 다음과가치여러가지 형태를취함니다。

먹며그 머거 머겨 머키 머쿼(먹, 먹어, 먹이, 먹여, 먹히, 먹혀)

이중에서 엇던것을 대표형으로 정할것이냐——엇던것이중심이돼가지고 여러가지 형태로 변한것

이겟느냐——엇던것이근본이겟느냐?

이론법으로 나간다면「안는다」는 말은「앉」이근본이돼가지고

앉으 앉어(앉아) 앉인뺑이 앉힌(다) 앉혀(라)

로 번한다는것이됩니다。이것도 글자로 써노코보면 그럴뜻하지만 말이란 원래 음성으로된것인즉 그음성이 음성될수

잇서야할것이며 그음성을 통하여 쏫이 표현돼야할것입니다。즉「앉」이라는글자가 나타내는뜻이 음성으로도 표현

돼야합니다。그런데「앉」의발음은「안」밧게안되니「안」이라는 음성을가지고「앉」이라는 글자가 나타내는뜻을 나

타내지못함니다。그런즉「앉」을 선험적인것으로 상상한다치더라도「앉」이라는 소리는 아직소리가 되지못한 이를

테면 백속에든 태아 (胎兒) 와가튼 존재지 생명을가진 말소리는아닐것입니다。써러서「앉」이라는 때아(胎兒)를

출생(出生)시킨「안즈」라는 말이——「안즈」라고 발음돼가지고 비로소 말의생명을 엇게되는것이라고 나는 생각함

니다。 그런즉 「앉」이라고 쓰는 것은 「안즈」라는 말이 아직 출생하기전의 말모양을 밝혀서 적는 것이—이를태면 병

아리의 변한모양을 알에서 차즈려하는 철자법이며 「안는다」를 「안ㄴ다」로 쓰는것은 병아리가 변하여 닥이 됫을쌔

닥 그대로를 그려노은 철자법입니다。 다시말하겟습니다。

놉고、 붉고、 좋고、 낮고、 닭고、 없고、 있고、 찟는

가튼 어원적 철자법은 그말이 생겨난 유래를 밝혀저근것이고 이것을

놉고 붓고 좃고 낫고 닷고 업다 잇고 셋는

파가치적는것은 그말이 변한것을 변한대로 저근것입니다。 요컨대

머그 아느 시므 아브 너프 씨스 조츠 나즈 부트 업스 안즈 조으(조흐)

가튼것이 원형임니다。 어간과 어미를 가춘 웃듬꼴임니다。

먹 안 심 입 덥 씻 좃 낮 붇 없 앉 좋

가튼것은 원형이 아니고、 관념적어간(觀念的語幹)임니다、 어간만 가지고 엇지 말이 되겟슴닛가。

먹다 안다 심다 입다 덥다 찟다 좃다 낫다 붇다 없다 안다 좋다

가튼것은 어간에 「토」가부튼 련어(連語)임니다。 두 단어의 이은 말임니다。

八、 「이늣히」의첨가냐 음성의 굴절이냐

용언의 원형문제가 해결되더라도—필자의 관찰이올타고 치더라도—변동사 만드는 방법에대한견해는 해결되지안

슴니다。 즉

쏫맥지가 매친다。

一六一

의「매지」「매치」가「맺이」「맺히」쓰는「매즈이」「매즈히」라고 관찰할수잇다고 하기쉬새문입니다。필자의 생각에 의하면「매즈」라는 원형이「매지」로 압모음활용하여、명사를 만들고「매치」로 거센자음압모음활용하여 변동사로 만드럿다는 것이 됨니다마는 주시경색문법에의하면「맺」이라는 본체되는 말에「이」가부터서「맺이」라는명사를만들 고「히」라는 것이 부터서「맺히」라는 변동사를만드럿다는것입니다。그리고 박승빈씨문법에의하면「매즈十이」「매 즈十히」와가튼 조동사의 부착으로「매지」「매치」라는 말이 조작된다는것입니다。그런데오직 필자하나만이새로주 장하는──천동설을 지동설로뒤지브려하는것가튼 문제의학설입니다。이에관하여도 이미여러번말한바지만 다시한번종합 해서 말해보겟슴니다。

「히」나「이」를 인정치안코 음성의굴절로되는것이라고 생각한 중요한리유는 다음과갓슴니다。

(첫재)「쌋오〃섹오、오른편〃완전 둔다〃된다 찬물에 챈다」가튼 뒷모음대 압모음의 대어가「이」의 첨가로될 것이 아니랴는 것

(둘재)「거더챈당。알이챈당。기름을 낸다。이리켜 센다」가튼말을「차인다」「까인다」「나인다」「서인다」로 관찰하는것이 자못 리치엽는 해설이랴는 것

(셋재)「이」「히」는 일본말의 セル、レル와 비교해서 해설되고잇는데 (먹인다 먹힌다 외에 이설명의 부합되는 말이 하나도업다는것、그리고「이」가 피동을나타내기도하고「히」가 사동을나타내기도 한다는것

(넷재)「앉힌다」「묻힌다」의「ス十ㅎ↓ㅊ」「ㄷ十ㅎ↓ㅌ」라는 설명은 서양음성학이드러온뒤 시작된것으로서 아 직더 연구할 여지가잇다는것、설사 그것을 인정한다하더라도「앉힌」「묻힌」가튼말의 씨이는「히」는 초현실적 해설이지 언중이 인식하고 잇는 말(소리)이아니라는것、그리고 이미 말한바도잇지마는「앉」「묻」가튼 철자법 이「안즈」「무드」가 생기기전의 아직 말이 되지아는 (뱃속에든 아이나 알속에서 머쳐 나오지아는 병아리가

른것이지 생명을 가진·말(발음이라는 형식과 뜻이라는 내용을 가춘말)이아니라는것등 을생각할새 그러한 생명업는

것과 「히」라는 초현실적인것과가 합처서 말을만든다는 초인간적인 해석을 미들수업는것

(다섯재) 「바치(支·納)」「어피」(負)라든가 「쏘킨다」의 「쏘키」(欺) 「안친다」의 「안치」는

단순한 한개의 단어지 그이상더 분리할수업는말의 최소단위라는것, 즉 이런것은 두음절로된

「노피」「구지」「기리」가튼말과 쪽가치 「받+히」「업+히」「앉+히」「녹+히」「높+이」「굽+이」「길+이」가튼 이원적(二元

的) 숙어(熟語)가아니라는것

(여섯재) 「수컷 암퇘지 이팝」가튼「ㄱㄷㅂ→ㅋㅌㅍ」음변이잇는데 「노긴다」「써긴다」가튼말을 「노킨다」「써킨

다」로 말하는것도 일종의 뜻업는 음변이라고 볼수잇는것, 즉 「이」「히」의 갈림이아니라 「ㄱㄷㅂㅈ→ㅋㅌㅍ

ㅊ」의 음변이라고 생각되는것

이상과가튼 관찰에 의하여 「이、히」의 첨가가아니고 음성굴절에 의한것이라고 보는 것임니다。그리고 다음과

가튼 새의 「기」「시」「키」도 어미활용의 일종이라고 보는것임니다。

아느→안긴다。시므→심긴다。씨스→씻긴다。쏘즈→쏫긴다。저즈→적신다。

이르→이리킨다。

九、이그러진 주관

물고기는 물의 가치를 깨닷지못하고 사람은 공기를 소홀이 여기기쉽슴니다。국어는 세샬적부터 배운 것이라

그가치를 과소평가하기 쉽슴니다。만약 우리나라가 세계일등국이돼서 온 세상사람들이 국어를 배우게됏섯다면

국어를 아는것이 자랑이오 국어의가치가 크게 불멋겟지만 불행이도 우리는 잘살고 잘먹기 위해서는 국어아닌

다른나라 말이나 글자를 안니 배우지 못하엿스며、 현재도 쓰한 그럿슴니다。 외국말을 매우려면 글자(文字)를

통해서 배우는 것이 보통이엇슴니다。 여기서 음성언어보다 문자언어를 중하게여기는 파음운쌕텃고 표음철(表音綴)

보다는 표의철(表意綴)이 반갑게 여겨지기 시작한것임니다。 이리하여 현행 철자법이 확영을 밧게된 것임니다。

우리 조상들은 한문만이 글이고 국문은 글이 아니라고까지 생각하엿섯스니 글배우러간다는 것은 한문을 배우

러간다는 뜻으로、 씨엿슬뿐이고 국문배우는 것은 글배우는비 들지아녓던것임니다。 한문은 철저한 일자일의(一字一

意)의 문자임니다。 일자일의의 한문 즉 일음일어(一音一語)의 중국어는 새말(新語)을 만드는비 가장 적당한 글

자(말)엿슴니다。 그래서 한문은 더욱 그 가치가 놉게 불렷슴니다。 이 일자일의를 통경하는심리가 드디어 二十

八바침 한글맞춤법통일안 이라는형태로 나타난것임니다。

그런즉 한글마춤법의 원리는 一자一의를 하려는 인공적인 면에잇는 것임니다。 즉 국어의 사용법책을 집게과고

연구한결과 그러한 결론이 내린것이아니고 一자一의를 바라는 나머지 그러한방법을 생각해낸것임니다。 그러나

일자일이 하는 것과 문법연구와는 별개 문제임니다。 국문법의 학술적연구와 문자의표의「化」문제와는 싼문제임

니나。 그런비 표의 철법과 문법의 학술적 연구와를 혼동하고 한글마춤법이 자연문법(自然文法)에 일치하는 것이

라고 주장하는사람이 마니생겨낫스니 나그네를 주인이라고 주장하는것에 비할만한 주객전도의 착작임니다。

우리는 하루쌀리 국어의생명이 음성언어에 잇다는것을 쌔다러야하며、 언어를 문자로 자버매둘수업다는 대원칙.

을 쌔다러야하며、 문법의연구가 먼저 학술적인 자연어연구에잇고 정치적인 철차법문제에 잇지안타는것을 쌔다러

야하며、 국어음성언어의 가치를 재인식하고 국어를 발전시키는길이 국어의 학술적문법연구에 잇다는것을 아러야

함니다。

一〇、주격조사의 「이」와 조동사의 「이」

- 잎이 푸르다。젖이 난다。숯이 검다。부엌이 캄캄하다。

가른글에쓰인 「ㅍ、ㅈ、ㅊ、ㅋ」가른 바침과 주격조사(主格助詞)의 「이」는

- 풀이 올려랑。달맞이 가자。미닫이。금불이。

가른 글에쓰인 「ㅍ、ㅈ、ㄷ、ㅌ」바침이나 그 아래에쓰인 「이」와는 성질이 아주다른것임니다。명사에 「ㅋㅌㅍㅊ

ㅋ」가른 바침은 일리(一理)가잇습니다。그리고 「이」를 독립시켜서 철자하는것도 당연한일임니다。왜냐하면 이런

말은

「잎+이」「젖+이」「숯+이」「부엌+이」

와가른 두단어의 부름이기 쌔문임니다。그러나 동사나 형용사는 그것이 두단어의 모임이아니고

- 노피 달마지 미다지 (다디) 금부치(부터)

와가른 한단어기쌔문에 두요소로 갈러저거서는 안되는 것임니다。

二一、압모음활용 안되는 말들

- 풀을 개오、불을 섀오、김을 매오、밤을 섀오、김(海苔)을 재오。

가른 본대부터 압모음으로 섯난 동사는 압모음활용되지안슴니다。압모음활용하려해도 할갈이업슴니다。

- 기럭지를 재으、문을 채오。

- 초가 시오 발보더디오(드디오) 칼로 오리오 짐을 지오 북을 치오 담배를 피오 쌀래를 히오

一六五

가튼 말을 도그럿슴니다。 그런즉 이런말은 그 짝되는변동사를 만들지못하는것이 원칙임니다。 요새학자들은

밤을 새운다 문을 채운다 담배를 피운다 쌀매를 히운다。

가튼말에 씨이는「우」를 동사변성의「토」라고 말하지만「우」는 대체로 뜻업는 조음(調音)이고 조동사가아님니다。즉

「새운다」「채운다」「비운다」「히운다」의「우」는 잇스나업스나 마찬가지고

불이 란다→랜다→태운다。

말을 탄다→탠다→태운다。

주머니물찬다→챈다→채운다

의「우」도 잇스나 업스나 마찬가지임니다。(다만 진다 지운다 가치 특수한경우에「우」가뜻잇게씨이는 일이 잇

스니 새로생겨나는 어법인가함니다)

만약「아」의첨가로 변동사를 만드는것이라면「잰다」와「페인다」「샌다」와「새인다」「잰다」와「재인다」가튼것

이 대립관계를 가저야할것인비 그러치안코 「아」는잇스나업스나 마찬가지인즉「이」첨가로 본 과거의 문법관

은 잘못이라고 할수밧개업슴니다。

二一、짓추 활용

마즈(適) 나즈(低) 가즈(備) 느즈(緩)

가른「즈」어미를가진 용언은

마치   나치   가치×   느치

로 거센자음압모음 활용을 하기도하지만 통일안애서는 이런말을

마추　나추　가추　느추

로 말하는것을 표준어로 택하엿슴니다。 그리고 아것을

맞후　낮후　갖후　늦추

로 철자하며 엇던 이들은(박창해씨등)

맞후　낮후　갖후　늦후

로 저거야 문법적이라고도함니다。 그러나나의 생각은 달슴니다。 이런말은

마추　나추　가추　느추

로써야한다고생각함니다。「맞후」…는 ㅈ자하나를 더쓴것이니 잘못이오

「맞후」는 초현실적 인공 철자법임니다。

「즈」로솟난 용언이「치」가되지안코「추」로활용하는 까닭은 다음과갓슴니다。

필자는 압모음으로 솟난말아래에「우」가싸닥업시 씨인다는 것을말하엿슴니다。즈→추환용은「우」부치는 그것

에통하는 문법이니「즈」의 초성(初聲)ㅈ는「이」나「에」나「외」나「위」와 받음되는자리가 갖

갑슴니다。 그래서「즈」로솟나는용언은 압모음으로 솟난것과 비슷한것이돼서「으→이」압모음활용만가지고는 압모

음활용하엿다는 늣김이 충분이나타나지안슴니다。 그래서「즈→치」로 활용하지안코「즈→추」로

는 입술을 쑥내미러「즈」보다도 압소리가나타내는 것입니다。「우」는 원래 뒷음모이라하지만 다시

생각건대 그소리가 쑥내민 입술에서 나는압소리기도함니다。

밥을 메긴다。거물을 쎄킨다 구멍이 매킨다。 밥을 재친다 어둠을 뇌긴다

보매기 소메기 쇠긴다 뤼긴당。

가른 ㅂㅔㄱㅣ가 소리의 맥력을 아래말소리에 달믄것이라고 보는것이 현행문법인데 나는 이것을 그러캐보지안코

그말의 본대어형의 첫재음절까지를 압모음으로 굴절시킨 것이라고 생각합니다。즉 압모음 활용의 강력한 표현

이라고 생각합니다。

(메기←머그)
(쎄기←써그)
(매기←마그)
(매기←마그)
(쇠기←소그)
(뤼기←주그)

현행철자법에서 이것을 「멕이」 「쎅이」 「맥이」 「럭이」 로 쓰지안는것은 현명한생각입니다。

「메기」 「매기」 가른、말을 분리할수업는 낫말(單語)로 생각하는것과 마찬가지로 「머기」 「마긴」 (보마긴) 가른

달도 한 단어라고 관찰하면 모든 문제가 해결되는 것입니다。

모자를 쓴다、먼동이 토인다、고개를 드르킨다(돌으킨다)

와가치 관찰하는것은 잘못임니다。「쓰→씨」 「트→티」 로 압모음활용하는것인즉 이런말은 응당

모자를 씬다 (씨인다、씍운다) 먼동이 틴다 (티인다…티운다) 도리킨다

로 써야할것임니다。이러캐 말하닛가 이런말은 써야 할것임니다。

먹〜게。한다
게。된다

너머〜쓰린다(드르랴)
젼다 (디)

가른 형태 받구는 말법에도 압모음의 쎄는 나타나 잇슴니다。

一四、대음대어의 나라남

나의 대음대어론은 독자적인 연구에 의하여 도달된 결론—다년간 다수한말을 비교 조사하여 귀납적으로 구명한 결론인데 가나사와박사(金澤庄三郎)의 책(明治四十三年版 國語の研究)에서 한국말의 「잇스」의 「이」와 「어드」의 「어」가 자라(自他)를 구별하는 대음조직이라고 말이라는것을 일본말의 アリ(有)ウ(得)의 a∶u가 자타를 구별하는 대음조직이라고 설명하는데 잉용(仍用)한것을 보고 깜작 놀랏습니다。가나사와박사가 「이」와 「어」가 자타를 구별하는 대모음이라는 결론을 어디서 엇게됫는지 참말 알고 시픈일임니다。생각건대 「잇스」와 「어드」의 「이∶어」의 대모음 관계는 다시한번 발전하여 「잇스」와 「엄스」의 「이∶어」대어를 만들고 「어드」와 「이로」(일흠, 失)에서 쏘이「이∶어」의 대어관계를 만들고 잇습니다。

국어용언의 원형은 대개 「으」로섯나며 「어」는 「어」로 나흔모음활용하니 「으」와 「어」는 원동사 즉 자동사(自動詞・主動詞)의 대표음이고 이것을 압모음으로 굴절한 「이」가 타동사(變動、使動、被動)를 만드니 요컨대 뒷모음과압모음은 자타(自他)대립관계를가진모음임니다。

한문숙어 부사형인

활발히 근근이 곤곤히 감이 속히 × 자연히

가른말의 압모음(이、히)으로의 전환도 그본말에대하여 대어 관계를 잣는것임니다。

요컨대 압모음 활용이라는것도 대음대어의 나라남이니 혁(舌)의 압뒤움지김으로 대어를 조작하는 것임니다。

(가ㅅ와 박사의 책에 「象形而字倣古篆」의 뜻을 크게、곡해한데가 잇는데 이것이 우리나라학자들에게 그대로 수입됫던 것이아닌가함니다。)

〔문 제〕

1、압모음활용이란 엇던 것인가 각종류의 례를 들고 설명하라。
2、「먹인다」「먹힌다」가아니고 「머긴다」「머킨다」라는 까닥을 설명하라。
(「이」와 「히」를 구실잇는 단어로 보지 안는 까닥을 설명하라)
3、압모음활용의 문법적 뜻을 설명하라。

제 六 장 거센자음 압모음활용

1、거센자음압모음활용이란 엇던것인가

압모음 활용의 거센 자음이 접치는 것을 「거센자음 압모음 활용」—탁해서 「거센자음 활용」이라고 하니 자음 별로 례를 들면 다음과 갓슴니다。

(一) ㄱ→ㅋ…얼그→얼키 썩그→썩키 이그→이키
(二) ㄷ→ㅌ…다드→다치 무드→무지 구드→구치
(三) ㅂ→ㅍ…이브→이피 어브→어피 저브→저피 } 全淸음
(四) ㅈ→ㅊ…안즈→안치 쇠즈→쇠치 매즈→매치 次淸으로
(五) ㄹ…ㄹ…드르→들리 구르→굴리 오르→올리 는 ㄹㄹ로
(六) ㄴ→ㄴ…ㄱ…아느→안기 시느→신기
(七) ㅁ→ㅁ…ㄱ…다므→담기 시므→심기 가므→감기 } 不淸不濁音은 「거」로
(八) ㅇ→ㅇ…ㄱ…더그→당기 뼈→켕기

一六〇

(九) ㅅ→ㅅ ㄱ …ㅂㅅ →ㅄ기 씨ㅅ →찟기 비ㅅ →빗기

(十) ㅈ→ㅅ ㄱ …씨 ㅈ →찟기

(十一) ㅊ→ㅅ ㄱ …쬬ㅊ →솟기

ㅅ바침은 不淸不濁에 準함

二、평격활용과 유강활용

거센자음활용을 두가지로 크게나눠 생각할수잇스니

1、짝진기음(氣音)이잇는 자음(即全清音)

2、짝진 기음이업는 자음(即不清不濁音)

네 의하여 활용하는 방법이 다른점임니다。즉 ㄱㄷㅂㅈ는 ㅋㅌㅍㅊ로 자음이 변하고 ㄴㅁㅅㅇ싸위는 「기」로 어미가 변함니다。

우리는 훈민정음의 자음분류가 실담움운학(이라기보다 중국운서)의 체계를 발분 것이고 그것이 발성생리학적 조음법의 의한것이라는것을 알고 잇섯지만 이러한 음운조직이 국어사용법칙에 중요한 가름을 나타내고 잇는것 까지는 생각지못하엿섯슴니다。그런데 본절에이르러 그에대한 관심을 아니갓지못하게된것을 나는 즐겁게 생각하 는 바임니다。이에잠간 훈민정음원본제자해에 해설돼잇는 자음의 강유에대한 구절을 발취해보겟슴니다。

●○○ ㄴㅁㅇ 其聲最不厲   ㅇ與ㅇ相似

●○○ ㅅㅈ雖皆全清而ㅅ比ㅈ聲不厲

●○○ 不清不濁其聲不厲   故用於終則宜於平上去聲

●● 全清   次清   全濁之字   其聲爲厲   故用於終則宜於入聲

이에 대한 해석은 일일이 하지안켓슴니다마는 리해를 쉽게하기 위하여 훈민정음 자음표를 그려노코 설명을 가해보겟슴니다.

	喉	牙	舌	脣	齒	半舌	半齒	備考
전청	ㆆ	ㄱ	ㄷ	ㅂ	ㅈ			
차청	ㅎ	ㅋ	ㅌ	ㅍ	ㅊ			
전탁 ㆅ	ㆅ	ㄲ	ㄸ	ㅃ	ㅉ			
불청불탁	ㅇ	ㆁ	ㄴ	ㅁ		ㄹ	ㅿ	
전청					ㅅ			
전탁					ㅆ			

備考:
전청, 차청, 전탁은 그 소리가 려(厲)하다. 그래서 종성(終聲)에 쓰면 상성, 거성, 입성이 된다

그 소리가 려(厲)하지안타ㅇ그래서ㅇ바침에 쓰면평성이 된다.

ㅅ는 운서에쎠러서는 불청불탁의 ◐표로 표시된것도 잇슴

국어가 음감에 예민하다는 것을 나는 여러번 말하엿슴니다. 그것이 거센자음활용에서도 여실이 나타나고 잇니슴당. 전청안차청으로써 대륙사머서ㄱㄷㅂㅈ소리는 ㅋㅌㅍㅊ소리로 각각변하고 ㆁㄴㅁ 부드러운소리는 한덩이가 돼가지고 쏙가튼 활용을하는 것이 매우조리잇다고 생각되는바입니다. 그리고 ㅿ소리가 ㆁㄴㅁ소리애준하는 것도 재미 잇스니 국어가 음감에 얼마나예민한가를 잘나타내고 잇습니다.

ㅅ바침이 「기」어미를취하는 것에대하여 나는 큰관심을 갓고잇슴니다 「기」어미는

시느→신긴다(신킨다)아느→안긴다(안킨다)쇠느→쐰킨다 쓰느→쓴킨다……ㄴ바침관계

시므→심긴다 다므→담긴다 가므→감긴다……ㅁ바침관계

다그(옛말은당그(다고─다히엿슬가?) 당기, 켕기(켱기, 킹기)…ㅇ바침관계

드르→듯긴다。 주으(ㅜ으)→줏긴다

와가치「기」는 거세지아는(不屬한) 부드러운(柔한) 소리의 거센자음(對音)으로 쎠펀 어미 임니다。 필연코 코

소리(ㅇㄴㅁ)의 부드러움을 강하게내는 방법으로서는 목젓맛나에운동으로 취할수잇는ㅡ코소리로 고칠

수잇는ㅡㄱ소리가 적당하기쌔문일것임니다。 그러타면ㅅ바침은 왜 쏘 ㄴㅇㅁ과 쪽가른「기」어미를취하는 것일가、

해설에 ㅇㄴㅁ바침은 그 소리가 부드럽기쌔문에 평성이된는 구절이잇고 ㅅ소리는 전청중에서 가장 약(不屬)한

소리라는해설이잇슴니다。 그러타면ㅅ바침도 평성에갓가운 울림(韻)을 갓는다고 볼수잇지아는가

이러한생각을가지고

다드→닷긴다…ㄷ↓ㅅㄱ

마트→맛긴다…ㅌ↓ㅅㄱ

씨즈→찟긴다…ㅈ↓ㅅㄱ

조츠→쏫긴다…ㅊ↓ㅅㄱ

가튼활용을볼쌔 ㄷㅌㅈㅊ바침이 바침소리될 쌔는 ㄷㅌㅈㅊ의 거셈(屬勢)을일코 ㅅ의부드러움으로 도라가는것아

아닌가하는 생각이 문득 듬니다。 쏘

젇즈→적시 (옷아저쯔오→옷을 적시오)

타는「시」어미를취하는 유일한 례도 이러한 견해를가지고 관찰하면 재미나는 해석을 내릴수잇스니「저즈」가

「젓」으로 발음될쌔는 ㅈ조리가 부드러워저서「젓」아닌「젓」으로된다…「젓」의 ㅅ은 부드러운소리기쌔문에「기」

어미를취한다…그래서「젓기」가되는데 ㅅㄱ두소리가 밧궤서「겨시」가된다…이러한 해석을 내릴수잇게됨니다。

저즈→젓+기→젓기→적시

이러한 해석이라도 내려지안는다면 「저즈」라는말이 「저시」로변한─ㄱ바침의 유래와 「시」어미의유래를 설명할도

리가 업슴니다。

만약 이러한생각이 틀림이업다면 ㄷ、ㄹ、ㅈ、ㅊ가 바침됏술쌔 ㅅ바침을 쓰지안는것은 음리에 박지못한 잘못

이라는 결론을 엇게되는 것임니다。즉

닫늠 붇는 꼳는 쫓는
듣기 맏기 쫓기 쫓기

가른 ㄷㄷㅈㅊ바침은 소리를 제대로 저근것이 못됨다는─ㅅ바침하는것이 가장 소리그것애 갓갑나는 결론읏엇

재되며 항거름나가서 ㅍ바침은 ㅂ、ㅋ바침은 ㄱ으로쓰는것이 올타는 결론에까지 이르게될것임니다。

이리하여 ㄱㄷㅂㅈㅅ소리가 ㅋㄹㅍㅊㅅ소리로 각각변하는

머그→머키

「(ㄹ→련)는 평격、유감에 다 통하는 번례」

버드→바터
어브→어피
쇼즈→쇼치

가른 활용은 평격활용(平音→激音)으로 한꼿금짓고 ㅇㄴㅁㅅ싸위 소리가 「ㄱ」어미를쉬하는것 즉

아느→안기 시므→심기 브르→듯기 주으→듯기 버스→벗기

동속을 유강활용(柔音→強音)이라는 이름으로 뭇거 밧슴니다。

三、어머의기」와 접미의기」

신을 신기오

개가 숏겨가오

가튼쌔의 「기」(겨)는 어미(語尾)지만 —실어의 일부분이지만

신기●조은 신

얼굴씻기에 밧브다

가튼쌔의 「기」는 조어(助語)임니다. 용언을 명사로만드는 구실을가진 접미(接尾)임니다. 현행문법은 이러한것을 분별하지못하고 혼란속에 잠겨잇슴니다.

四, 평격활용의 문법적의의

「그드브츠」어미를 가진 형용사나 동사가 「기디비지」로 활용 하엿슬 쌔와 「키티피치」로 활용 하엿슬쌔에 량자사이에는 현저한 대립이 엿보임니다. 즉 「기디비지」로 모음만 활용햇슬쌔는 체언(명사)이되는 것이 원칙이고 「키티피치」로 거센자음 압모음 활용 하엿슬쌔는 변동사가 되는것이 원칙임니다. 즉 다음과 갓슴니다.

ㄱ… 얼그→얼거설기 　 발그→귀발기술 　 발그→발킨다 　 마그→보마기(보매기) 　 마그→키마킨다(매킨다)

ㄷ… 바드→삼바친다 　 무드→숫무지 　 무드→거친다 　 거드→가을거지 　 거드→거친다

ㅂ… 널브→널비 　 자브→(손자비) 　 자브→자핀다 　 구브→(구비구비) 　 구브→구핀다

ㅈ… 매즈→맷매지 　 마즈→달마지 　 마즈→마천다 　 쇼즈→뒤쇼지 　 쇼즈→쇼친다

「매즈」라는 동사가 암모음으로만 활용하면 「매지」라는 명사가 되는데 그것을 거세게 발음하면 「매치」라는 변동사가 됨니다。 대음으로 대음을 만든 것임니다。약간약간 소리를 굴절 시킴으로써 관계잇는 새로운 말을 만드는 것임니다。「매즈、 매지、 매치」의 「즈、 지、 치」 세 소리(세 글자)는 비슷하면서도 차이 잇는 소리(글자)임니다。 그일마나 신묘한 말법이며 글씨의 마련임닛가。

매즈 매지 매치...즈..지..치

가튼 세련된 어법、 세련된 글씨법을 마다하고

맷으 맷이 맷히

가튼 일본식 말법과 중국식 글씨법을 취하려고 하는 것이 한글마춤법임니다。「즈」와 「지」로써 동사와 명사를 구별하고 「지」와 「치」로써 쏘 다른 구별을 하는 간결 민첩한 솜씨를 무시하고 비과학적이고 문법답지 못하다고 평하며 「맷、 으、 이、 히」만이 과학적이오 문법적이라고 평하는 것이 요새학자들의 주장임니다。나는 한심함니다。「맷、 매지、 매치」는 적라라한 우리말임니다。간결하고 신속하고 세련되고 초직화된 우리말의 재임임니다。우리조상이 색앗기지안코 보존해온 알뜰한 우리재산임니다。왜 이것이 실타는 것임닛가。왜 이것마저 일본식어법 중국식 글씨법보으 고치겠다는 것임닛가。「맷、 으、 맷이、 맷히」가 엇재서 조타는 것임닛가。그누가 조타는 것임닛가。우리조상들은 결코 이것을 조아하지안엇스며 요새 우리 순박한 백성들은 역시 이것(맷으、 맷이、 맷히)을 조아하지안슴니다。

五、 론리은 정연하다

박승빈씨는 국어의 동사 변성법이 「마단하고 산란하고 불확실하다」고 하엿스며 최현배씨도 「도모지 론책을

세울수업다. 기썻해야 「이」、「히」를 대표어간이라고 말할만 할뿐이다」고 말하엿지만 내가 보기에는 국어처럼

통칙이 일관하고 단순하고 조리잇고 확실한 말은 세상애 업다고 생각됩니다. 나는 용언의 모든 부럼을

1、 나즌모음활용

2、 압모음활용

3、 거센자음활용

의 셋으로 뭇거서 푸렷습니다. 그결과 용언의 모든모습이 이 세가지 법칙안애 잇다는 것을 설명할수 잇섯습니
다. 그리고 이 세가지 법칙이라는 것도 대음대어라는 더 노픈 법칙에 귀일(歸一)시킬수잇다는 것도 설명하엿습니
다.

나즌 모음활용은 혀의 한번 노피고 한번 **나춤**으로써 대어를 조작하는 것이고

압모음활용은 혀의 한번 구피고 한번 **폄**으로써 대어를 만드는 것이고

거센자음활용이라는 것은 숨결의 강하고 약함으로써 대어를 만드는 것이니

이타하여 혀의 전후상하 ↑→ 립체적인 운동과 기(숨결)의 강약을 합처서 三차원적이며 四차원적인 대음대이
의 발현(發現)을 뫼고 잇는 것이 우리말이라는 것을 알게펫습니다.

우리말은 참말로 잘된말이오. 우리글도 또한 세계제일가는 글입니다. 장차는 세계의공용어(世界公用語)가될 운
명을가진 국어며、세계공용문자(世界公用文字)가될 운명을 씨인 훈민정음인것을 나는 굿게밋습니다. 그런싸닥대 터
럭만큼이라도 가식가장(假飾假裝)할 필요가업는 우리국어 우리국문이라고 생각하는바임니다. 가장과학적인 말이고
글인싸닥에 종당에는 전세계를 제패하리라고 생각하는바임니다.

〔문제〕

제七장 나머지 멋가지

1、「거센자음 압모음 활용」이란 엇더한 것인가、 예를들고 설명하라。

2、평격활용이란 엇더한것인가。

3、유강활용이란 엇더한 것인가。

4、거센자음활용의 문법적 뜻을 말하라。

一、세종대왕의 바침규정

세종대왕의 바침규정에대하여는 세간에 큰오해가 아직도 풀리자안코 잇슴니다。주시경씨이후의 우리학자님들

은 훈민정음례의(例義)에 저켜잇는

終聲復用初聲

이라는 여섯글자의규정이 세종대왕의 바침규정의 전부라고 말하여왔고 이여섯자의뜻이 ㅈㅊㅋㅌㅍㅎ가튼것도바

침에쓰라고ㅣ써도괜찬타고ㅣ하신 규정이라고 설명돼왔던것입니다。그래서 우리나라 석자들은 대개가 이런말을 드

一七八

러왓던것입니다.

그러나 一九四〇년에 발견된 훈민정음해례(解例)를 보면 전기 례의 (例義) 의바침규정이 변경돼잇는것입니다. 그래서

이글을 쓰는것입니다.

훈민정음원본이 발견된지 이미 十여년이니 그 바침규정의 자세한 례력도 국민에게 널리 알려젓서야 할것임 니다마는 실제는 그러치안습니다. 그까닭은 지나간날에 력설한 바침무제한사용론을 고집하는 학자들이 만키 색

문이오, 또 국민이 국문에 대하여 관심을 갓지안코잇기 쌔문이엇습니다.

훈민정음해례 종성해 (終聲解) 에는 다음과가치 져겨 잇슴니다.

「(前略) 所以ㅇㄴㅁㅇㄹ△六字爲平上去聲之終而餘皆爲入聲之終也。然ㄱㅇㄷㄴㅂㅁㅅㄹ八字可足也、如빗곶爲梨花 엿의갗爲狐皮而入字可以通用、故只用ㅅ字。(後略)」

그리고 訣에 다음과가튼 구절이 잇슴니다.

「不淸不濁用於終、爲平上去不爲入、全淸次淸及全濁、是皆爲入聲促急、初作終聲理固然、只將八字用不窮」(後略)

즉 「바침에는 「ㄱㄴㄷㄹㅁㅂㅅㅇ 여덜자만쓴다」(只用八字)고하엿고 또 「바침은 여덜자만가져도 다 쓸수잇다」(只將八字用不窮) 고 말하엿슴니다.

그런즉 최세진선생이 훈몽자회 서문에 初聲終聲通用八字 ㄱㄴㄷㄹㅁㅂㅅㅇ

라고 저거 노은 것은 결코 최세진선생의 독단 규정이 아니엇던것입니다. 그런데 그동안 우리학자들은 최세

진선생을 죄인처럼 혹평해왓섯던것입니다.

학자를 가운데는 전기 정음원본 종성해를 세종대왕의 규정이아니고 정린지(鄭麟趾)무리의 학설이라는 이상야릇

한 주석을 가하는 사람이 잇습니다.

그러면 엇재서 두가지 책다른 규정이 나타나게 됏느냐 그것로는 다음과 갓습니다、

훈민정음이 완성된것은 一四四三년(癸亥)겨을이엇느냐 終復用初聲이라는 규정은 그새된것임니다。훈민정음해례

(解例)는 一四四六年(丙寅)九月上澣에 완결을 보앗스니 그간三년이라는 세월이 흘럿슴니다。그동안 룡비어천가

석보상절 월인천강지곡등 국보적 저서가 잇섯슴니다。이런고전에는 ᅀ즈ㅊ가튼바침이 씨어잇슴니다。그런즉 해례외

여덜바침규정은 개정된규정이며 국민에게 반포할새사용된 정자법(正字法)입니다。ᅀ즈ㅊ바침아ᄉ자로써 통하는고로

다만ᄉ자만쓰기로한다(如벗곳、영의갓而ᄉ字可以通用 故只用ᄉ字)라는주석을 씨어온까닭도 그것이 놔거의 바침규정

을 변경한다는 뜻의 표현일것이며「ᄑ바침은 ᄇ바침으로통용하는끄로 다만ᄇ바침만을쓴다」의뜻까지 겸하고잇는굴임니

다(ᄏᄐᅙ가튼바침아라튼가ᄭᄡᄠᄢ등머가튼 바침을쓴일은업섯슴)

二、일곱바침쓰기

여덜바침쓰기를 청린지무리의 속된규정이고 세종대왕의 아실바가 아니라는 것은 말이안되는 주장임니다。

최세진선생까지도 여덜바침을 씨왓는데 그후어느덧ㄷ바침을ᄉ바침에 합처버렷스니 전해이르기를 ㄷ과ᄉ을 구별

해 적는것이 지긋지긋(ㄷㄷ)해서 ㄷ바침을 안쓰게됏다는것임니다。필자도 일곱바침이 가장적절한방도라고 생각

하여 이책에는 그것을 단행해봤슴니다。

그러나「前에」「前이」가튼 말을「압에」「압이」로 쓰고 보니「앞에」「앞이」만 못한것이 확실하며 그러타고해

서「압해、압히」룬 취하자니 초사의계통이 서지안슴니다。이러한말이 두고 멎개잇는고하면 다음과갓슴니다 ᄉ룡얼

ㄷ바침명사 (1) 낟, …하나가잇스나 나달, 로써족함

ㅌ바침 (14) 겯, 겯, 끝, 머리맡, 볕, 솥, 팥(個) 곳(量) 홑(單) 물, 밑, 바깥(밧갈), 밭…

이상 十四어가가잇다는데 개중에는 ㅅ바침으로 표준을사며도 괜차는것이 잇스며 독립적으로 씨

지안는것도잇슴

ㅈ바침 (3) 낮, 빚, 젖 세말이잇는데 빚, 젖 가른말은 「빗 젓」 으로써 충분한것임

ㅊ바침 (11) 갗, 꽃, 낯, 닻, 덫, 돛, 몇, 빚, 숯, 옻, 윷 十一어가가잇는데 모두ㅅ바침을써서 표준어로사며도

무방함

ㅍ바침 (9) 늪, 무릎, 쑾, 앞, 숲, 옆, 잎, 짚, 헝겊 아홉말이잇는데 이말들은 ㅍ바침쓰는것이 확실이 유

리할것가름

ㄲ바침 (4) 덖, 묶, 솎, 섯, 네말이잇다하나 ㄱ바침으로 충분한것임

ㄳ바침 (1) 「값」 한마디뿐임 이외에 ㅁ(畆, 넋)이잇을뿐이고 부엌, 녘, 밖(外)이 잇을뿐이니 일곱바침

라라」 가른말도 맷, 샛으로 안할진댄 「넋」도 「너」 으로써 족한것임 「맥시(脈이)눌린다。」 「색시(色이)노

이외의바침을 필요로하는 명사는 이상五十어어가채못됨

이상 五十말씀 되는 것을 합리화 하기위하여 十년을 배워도 알수업는 국문을 채택할필요는 업슬 것입니

다。아니 명사에는 이상을 다 인정 한나하더라도 그러케 큰 고생은 안할것입니다。통일안이 어려운것은 명사

문제가 아니고 용언의 문제임니다。그러나 용언은 일곱바침으로써 문법이 청연하게 서는 것임니다。받음의 살

제에 죽맛는 그리고 배우기쉽고 쓰기쉬운 문법체계가(일곱바침으로)충분이 서는 것임니다。

문법에 폐의 규정이 업슬 수는 업지만 폐의가 원칙보다더 우세해서는 안됨니다. 통일안은 폐의가 너무 만슴니다. 그리고 원칙이라는 것이 쑤렷한것 가트면서도 쑤렷하지안슴니다. 원칙이 국어성질에 맛지안는 것—원칙을 인공적으로 세워노은것이 통일안임니다. 이는 강물을 치흐르케 하고자하는 것에 비할만한 무모한 계획임니다. 국어의 문법은 멧천년을두고 발달 돼온 국가 민족의 공동규약인고로 이것을 학자가 마음대로 변경하지 못하는 것임니다. 학자는 이미 정해져잇는 법칙을 차저내서 계통을 세우는데 그쳐야함니다.

특 「다가」와 「닥아」

국정교과서와 한글맞춤법 통일안과가 아주다른 철자법폐를 하나드러가지고 생각해보고자 함니다.

통일안에서는 다음과가튼 경우의 다가를 어미(즉 토)라고 일컷고 잇슴니다. 즉 야(野)에 잇는 학자들은 「다가」를 조어(助語)로 생각하고 잇슴니다.

글씨를 쓰다가.   새를 잡다가.   돈을 접다가.   쇠물 노기다가.
글씨를 써다가.   새를 자버다가.   돈을 지버다가.   쇠를 노겨다가.
(생선을 굽다가.   (노선을 쇠다가.   (돌을 줏다가.   (물을 짓다가.
생선을 궈다가.   노선을 쇄다가.   돌을 주어다가.   물을 기러다가.

그런데 국정교과서에는 이 다가 가 압줄의것은 다가로 돼잇지만 나중줄에것은 다음과가치 닥아로 돼잇슴니다.

글씨를 써닥아.   새를 자버닥아.   돈을 지버닥아.   쇠를 노겨닥아.
생선을 궈닥아.   노선을 쇄닥아.   돌을 주어닥아.   물을 기러닥아.

즉「다가」를 조어로보지안코「다가 안저라、다가 서서 오줌을뒤라」의「다가」(통일안에서는 이것을「닥아」라

고씀) 라는 동사라고 보는것임니다。이애대하여 야(野)에잇는 학자들은 대개 그러치안타고 말하고잇스니 동사

의「닥아」는「다거」로 발음해도 무방하지만「써다가、자버다가」로 말할수업다는점、

그리고「다가」라는 조어를「다」로추려서 말하기도 하는고로「글씨를 써다부친다」「새를 자버다」 귀먹는다」로

되는비 이애의「다」가「닥아」라는 동사를 주린것이 아니라는것、그리고「써다가」가 두단어의 련어일진댄「써

다」를「써 다」로 쎄어써야 하지안느냐는등의 리유를 드러서「닥아」가 아니라「다가」라고 주장하는것갓슴니

다。

이 문제를 날더려 해결하라고하면、나의 철자법은 본시 발음대로 쓰는 것인즉「다가」가 토건 동사건 간에

그철자법은「다가」지「닥아」가 가넌고로 도시 문제가 되지안슴니다。그런비 내가 여기서 한가지 말해두고자

하는것은

　　쓰다가 (글씨를 쓰다가 책을 익는다)

　　써다가 (글씨를 써다가 선생님에게 바친다)

이애의「쓰다가」와「써다가」의 뜻이 달러지는 까닭이「다가」에잇는 것이 아니고「쓰」와「써」의 다름에잇다는

점임니다。「쓰」는「쓰」의 나준 모음 활용형이니 이런새는 기연형 즉 지나간 (過去形)이 되는것임니다。

「써」라고 하면 쓰는일이 이미 엇난것을 나타냄니다。그런고로「쓰다가」라고하면 쓰는것이 엇나지 아는것이되

고「써다가」라고하며 쓰는것이 엇나지아넛슴

새를 잡다가…잡는것이 엇나지아넛슴

새를 자버다가…」랍는 것이 웃낫슴

즉 나즌 모음활용형에 문법적 의의가 업다고 생각한 최현배선생이나 리희승선생등의 생각은 재고려돼야 함니

낭

四, 내는소리와 들리는소리

「쩍메」라고 발음을 햇건만 이 소리를 외국사람은 「썽메」로 듯슴니다。왕십리(往十里)라고

발음해도 무식한 사람은 「왕심리」로 못슴니다。

이와가치 낸 소리와 들리는 소리가 갓지아늘경우에 엇더한 철자법을 쓸것인가? 「쩍메」를 「썽메」로 적지못할것이며

들리는 소리를 저거서는 안될것임니다。「쩍메」를 「썽메」로 적지못할것이며

朴牧師를 「방목사」로 적지못할것임니다。

요컨대 말하는 사람의 발음의식(發音意識)을 충실이 저거나타내야할것임니다。

기럭아。 기럭아(雁아雁아) 달아달아 발군달아。

의 「안」는 부름로(呼格助語)라는 인식아래서 말된것임니다。 그러나

아가 아가 우리 아가

를 「악아 악아 우리 악아」로 쓰라고하는것은(統一案도 그러코 敎科書도 그러함)언어의식의 맛지안슴니다。 즉

「악」을 「어린애」라고 인식하는 사람은 업슬것임니다。

무릇 국어말버롯에 접안 식구를 부를째는 「아」라는 부름로(呼格助語)를 부치지안는 문법이잇스니

아버지야 어머니야 묘아 누님아 동생아

하지안는것임니다。 「아가」도 「아가」로써호격(呼格)을 겸할수잇는것임니다。

우슴을 우슴니다 는

웃음을 웃읍니다 로써야하지만

익살마즌 뜻이 매우 우슴니다 의 우슴은 「웃읍니다」로 써야

「거름을 것는다」의 「거름」은 「걸음」으로 써서 안되고 「똥거름」(肥料)의 「거름」은

「걸음」으로 써서 안되고

「山너머로 너머간다」에잇서서 「山너머」는 「넘어」로써서안되고 「너머간다」는 「넘어」로써야하며

「실타、실토록、실치만、실케」가튼말은

「싫나、싫도록、싫지만、싫게」로 써야하지만 「실컨、실컷」은 「싫건」이나 「싫것」으로써서 안된다는싸위가 모두

독선적(獨善的)결정임니다。

언어라는것은 탈뭄이라는형식에 뜻아견부된것이니 말하는사람이나 듯는사람이 발음과 뜻과를 제마다 능이판단하

는것이지 발음과는 짜로 존재하는 말의 정체가 쏘잇지못합니다。

「그러치 안타」는 「그러치안타」로써 부족함이업슴니다。 이것이

「그러하지아니하다」의 주른 어형이라 하더라도 「하지→치」 「아니→안」

「하다→타」와가치 주른것이라고 생각하면 「그러치 안타」로 써야할것임니다。

그런비 이것을 「그렇지 않다」로써야 한다는 까닭은 리해하기 어렵슴니다。 이는 내는소리를 적근것도아니오 들리

는소리를 저근것도아닌 초현실적 말이전의말(言語以前의言語)을적근것이며 「지」나 「다」나하는 허사(虛詞)를 「그러」

나 「아니」보다도(實詞보다도)더 중하게 생각한 뒤지핀생각임니다。

요컨대 철자법은 내는 소리와 들리는 소리애 차이가 잇슬새는 내는소리를 싸버야하고 내는 소리와 들리는 소리가
일치할새는 무조건 소리그대로 저거야함니다。그래도 그것이 나중에는 말소리애 맛지안케되는것이니 아른바력사
적철법으로 되는것입니다。

안친다、안처라、를 앉힌다、앉혀라

五、무식과 유식

로써노코 량자의 발음이 쪽 갓다고 주장하지만 밋기어렵슴니다。쪽갓게 발음하자고 약속할수는 잇겟지만 약속
업시 원칙적으로 쪽갓다는것을 나는 의심함니다。이 리론은

「먹힌다」와 「머킨다」가 갓고 「잡힌다」가 「자핀다」와 갓다는베서부터 출발한것이며 다시 그까닭을 무르면 각
하(閤下)가 「가카」며 십호(十戶)가 「시포」라는 고증을드는데 아것마저 나는의심함니다。즉

「각하」는 「가카」가아니라「각카」며
「십호」는 「시포」가아니라「십포」라고 나는 생각됨니다。

내는 소리와 들리는 소리사이에 다름이잇슬쎄 그분간은 자못 곤난한것입니다。
정확하게 말하면 가튼 소리는 두번 다시 발음되지 못함니다。그런즉 우리가 쪽 갓다고 인식하는 들리는 소
리 쏘는 내는 소리라는것이 정확하지아는것입니다。싸러서

「각하」가 「가카」넛가 「장가」가 「조코、조타、조치」에 틀림업다고 하는것은
「좋고、좋다、좋지」가 「조코、조타、조치」도 「가카」라는 어림풋한생각을 가지고
「개는 네발가진짐생이넛가 네발가진것은 모두 개다」라는격의 잘못된 판단일지도 모르는바임니다。

언문(諺文)을 무식(無識)한 글이라고 생각한 나머지「한글」이라는 유식(有識)한 글을 만드른것이아닌가함니

다。그래서「함니다」라고 쓰면 무식、「합니다」라고 쓰면 유식。「까치」라고 쓰면 유식、「가

천다、만타」라고 쓰면 무식、「많다」고쓰면 유식으로 생각게됫슴니다。

한글식을 지지하는것은 자기가 유식하다는것을 자랑하는것인고로 흥이나서 외치지만、언문식을

무식의폭로인줄 알기쌔문에 큰소리를 못하는 것갓슴니다。

그러나「함니다」가 옛「항아다」의 변한말이고 쌍서가 탁음이고 국어의 용언이만음절어도아니고 폐음절어도 아

니라는 것을알고보면「한글식」은 아주 무식한것이오 언문식이 훨씬 유식하다는것이됨니다。

어려운 글자물 아는것이 유식하다고 생각하던 시대는 호령아 담배먹던 시대임니다。오늘날의 유식이란 의국

어를 아는것、거계를 만들줄알고 쓸줄알며 과학적 지식과 기술의 잇고업는것、그리고、법률학이나 경제학 정치

학가른것을 잘아는 사람이 유식한 사람임니다。국문철자법을 어렵게하는것은 유식한짓이 아니고 무식한 짓임니

다。글은 말과 일치하는것으로써(글文一致) 가장 유식한것임니다。

모든 선전문명국가는 언문일치를 향하여 용감한 개정을 단행하고 잇슴니다。력사적기록에도 맛지안코 문법에

도 맛지안는「한글식」을 유식하다고 생각하는시대는 쌀리 사러저야합니다。

六 말하는 글자

글자는 그림글자로 부터 소리글자로 발달하여왔슴니다。즉 눈으로만 익던 글자로부터 귀로익는 글자로 발

해 왔슴니다。여러분은 독서하실새 눈으로 책을 익는줄만 아시겟지만 실상은、귀로 글씨를 익는것입니다。글씨

를、일단 소리로 변화시켜서 언어 충추에 울려가지고 뜻을 해아리는 것입니다。그런즉 글씨는 움지기지안는

一八七

그림의 구실을 버서나서 공기를 파동시키는 —음파로의 전환을 신속 정확하게 함으로써 더욱 빗나는 것임니

다。 싸러서 우리의 연구과제는 말하는 글자를 발명하는데 잇지아늘수 업슴니다。

발성영화와도 가치 글자를 말소리로 재생시키는 연구—이 연구는 필연코 달성되고야 말것임니다。

훈민정음은 말하는글자로의 길을 인도하는 가장 발달된 글자임니다。 그런데「한글식」은 소리글자를 뜻글자로

쓰려내리려고 하련것이니, 어리서근 일이라 아니할수업슴니다。

七、 얼마나 어려운가

신문 (五月二十七日附京鄉新聞) 을보니

한글은 民族文化의象徵、舊綴字法使用反對全國에波及

이라는 題目下에 「한글學會側」談話라하여

「새철자법의 어느점이 어렵고 어느점이 불편하다는 점을 구체적으로드러 학술적으로 발표해주기바란다」云云

의글이 씨어잇기에 실례라나마를 쌔드리겠슴니가。

四二八五年十二月二十九日 나는 서울國民學校敎師採用試驗에 應試하려하는 十九名의 敎師(그中十六名은 旣往서울學

校敎師이면 분들이고 三名은 高女만을 卒業한분인데이미 臨時採用敎師로採用(되여) 敷箇月以上 敎師經驗이잇섯슴)、

에게 綴字法講義를 하게된자리를利用하여 그분들의 實力을考査한일이잇슴니다。 그쌔문제는 다음과갓슴니다。

一、 문이 **열아서이맘을** 부딧혔다。

二、 밥을 갓 닥아먹어라

三、 稅金을 바처라

四、 正月 初 이튼날

五、 윷놀이 를 하였다

六、 정반에 벗처 낼고

七、황소뿔에 받혔다

八、統一이 아니면 주검을 擇하라

九、사람을 의자에 앉힌다

十、엎치락 뒤치락

위에 문제를 읽거주고 바더쓰게 한 뒤 줄 그은 것만 採點한 결과 그 성적은 다음과 가렷슴니다.

○點 즉 한 문제를 다틀린 敎師″十二名

十點 즉 한 문제 마추고 아홉 문제를 틀린 사람 四名

二十點 一名 四十點 一名 五十點 一名 以上十九名의 平均 八點

이만하면 어느 점이 여려운가 아실것잣슴니다. 그러면 이 十九名이 그後 서울市 國民學校敎師採用試驗에 合格하엿는 가? 落第하엿는가? 채용시험에는 철자법시험한가지만 밧슴니다. 이 사실은 곳 철자법이 어렵다는 방증이기도 함니다. 그 결과 十八名이 合格하고 一名아 落第하엿다는 所聞을 드럿슴니다. 그러면 엇더케를 틀렷술가、 요지경가튼

그 내용을 다음에 소개하겟슴니다.

一、부딧혀……부디처 七名 부디처 五名부디처、부디허、부디칠、부딋처、붙이처 各一名 不 一名

二、갓다아……갓다가 九名 갓다가 三名 갓닥아 二名 갓닥아 一名 간다가 一名

三、바처(納)……밧어 四名 발여 四名 발혀 三名 발어 二名 밧쳐 一名 발혀 一名 밧여

四、이른날……이른날 十五名 일은날 一名 른날 一名 잇一名 이튼날 一名

五、윷놀이……윷노리 九名 윳노리 七名 윳노리 一名 울노리 一名

六、받쳐(支)……밧혀 二名 밧쳐 二名 밧혀 二名 밧혀 一名 밧쳐 一名밧여 二名

七、 발혀(被衝)발어四名 발처二名 밧처二名 발혀一名 밧처一名
발여二名 발어一名 받여一名 不二名
밤처一名 발어 밫여 받여 各一名 不一名

八、 주점… 죽엄十七名

九、 앉히… 앉이五名 앉이三名 앉치二名 앉치二名 않치一名
않이一名 안치一名

六、 엎치락… 엎치락十二名 엎치락一名 업지락一名 없이一名 不一名
없이五名 않이一名 안히一名 不一名

이것이 국민학교 선생님들의 숨김없는 실정입니다。이 문제를 가지고 각계 각방면에서 실지로 고사하여 봐주
시기 바랍니다。

나는 그후 다른 모임에서도 이런 테스트를 해봤습니다。그 결과는 늘 대동소이 하엿슴니다。
현철자법을 무상의 보배처럼 숭배하시는 분이 상당이 마는것이 사실인데 그분들에게 한번 시험해보고십슴니
다。알지도못하면서 아는척하는것、알지도못하면서 잘된것이라고 칭찬하는것이라면 재삼 고려해야 할 문제가 아
닐가 합니다。

[문제]
1、바침 글자를 일곱만 쓰는 까닭을 말하라。
2、한글 통일안에서 쓰는 二十八바침과 일곱바침과의 관계를 말하라。

국어 강의 (끗)

檀紀四二八六年十一月十八日 印刷
檀紀四二八六年十一月二十日 發行

定價 貳百圜

版權所有

發行著　韓國大學通信敎育出版部
右代表　韓　觀　燮

發行所
서울特別市中區奬忠洞一街三八番地
韓國大學通信敎育出版部